中青年经济与管理学者文库

河南省哲学社会科学规划青年项目（项目编号：2020CJJ091）

河南省高校人文社会科学研究一般项目（项目编号：2026-ZZJH-195）

企业科技创新对现金持有决策的影响研究

邢　毅　著

中国财经出版传媒集团

中国财政经济出版社

·北京·

图书在版编目（CIP）数据
企业科技创新对现金持有决策的影响研究 / 邢毅著. 北京 : 中国财政经济出版社, 2025. 8. -- (中青年经济与管理学者文库). -- ISBN 978-7-5223-4119-4
Ⅰ. F275.1
中国国家版本馆CIP数据核字第2025W8Y179号

责任编辑：马　真　　　　责任校对：张　凡
封面设计：智点创意　　　　责任印制：史大鹏

企业科技创新对现金持有决策的影响研究
QIYE KEJI CHUANGXIN DUI XIANJIN CHIYOU JUECE DE YINGXIANG YANJIU

中国财政经济出版社 出版
URL：http：//www. cfeph. cn
E－mail：cfeph@ cfeph. cn

社址：北京市海淀区阜成路甲 28 号　邮政编码：100142
营销中心电话：010－88191522
天猫网店：中国财政经济出版社旗舰店
网址：https：//zgczjjcbs. tmall. com
涿州汇美亿浓印刷有限公司印刷　各地新华书店经销
成品尺寸：170mm×240mm　16 开　14 印张　210 000 字
2025 年 8 月第 1 版　2025 年 8 月河北第 1 次印刷
定价：65. 00 元
ISBN 978－7－5223－4119－4
（图书出现印装问题，本社负责调换，电话：010－88190548）
本社质量投诉电话：010－88190744
打击盗版举报热线：010－88191661　QQ：2242791300

策划人语

题记：一个人的精神成长史，取决于他的阅读史。只有阅读能最有效地培养精神生活习惯，而好的习惯又培养性格，性格决定人生。

——我们自豪，因为我们就是创造这精神产品的人。

选择了飞翔，总能看到蓝天；选择了远航，总能感受大海。人生不仅要作出选择，也要坚持住自己的选择。学会计、当编辑是我的意外选择。人说编辑是为人作嫁，可是这一选择我坚持了34年，苦在其中，乐在其中，也算是有声有色。每当我把一本本好书呈献给人们的时候，我觉得我是“富贵”的人：富，不是你身上的钱财，而是你心里的满足；贵，不是你地位的显赫，而是你被人需要的程度。

书海探寻，情怀永恒

我要说，做编辑我幸运，因为我不仅是第一个读者，可以对作品“品头论足”，也可以对作品“生杀予夺”；更重要的是，这是一个有很高层次的平台，在多年与名家的交往和名著的“对话”中，深深地为他们的人格和才学所感动，被作品的精彩所吸引，这不仅使我“下笔如有神”，更使我的思想和灵魂也受到一次次洗礼和震撼，得到一次次升华。对于我的作者我的书，如数家珍，作者中不乏才学和为人同样过人的多位泰斗和“颜值高责任大”的众多才子佳人；策划的作品不仅立足专业还兼顾人文，也是情怀所在，专业加人文路才会更宽更远。

多年的体会是，作为一名编辑，起码要“三心二意”，即“责任心、细心、耐心”和“服务意识、创新意识”。要多策划一些拳头产品，用一个选题推动一个系统工程，用一个系统工程培养一个出版社品牌。给新入职编辑讲座时我做过一个比喻：编辑两项基本功，审稿——甚至要比博导审批学生论文还要全面、细致；选题策划——要像电影导演一样做“星探”，善于发现优秀作者和挖掘好的原创作品。记不清30多年来我策划和编辑了多少种图书，组织和策划了大批教材、业务培训用书、通俗读物、理论专著等，有的获得过国家、省部级各类奖项，有的以其填补空白、社会热点、风格新颖、开拓尝试等特点受到读者的欢迎。正是：

一入书门情似海，
探寻经典职责在。
苦辣酸甜何其乐，
编辑人生也精彩。

想是问题，做是答案

众所周知，目前的图书出版业在行业竞争和纸质图书受到严重冲击的情况下，出版人无不感到莫大的危机。在这种背景下，我们还要积极应对，完善纸质图书的固有特质，拓宽纸媒的功能，挖掘出版内容和形式都精彩的原创作品，适应新形势下读者的更高需求。在新的时代环境下不断出新，我又策划了多套系列丛书和单本图书，不乏名家著作、教材、学术专著和实务丛书等，继续为扶持学术研究和总结实践最新成果，在高端研究与专业知识普及和应用之间搭建一座座有益的桥梁。

每一个时代的经济环境不同，理论研究和实务探索所需要解决的问题也有所差别。当前我国处于新的历史时期，市场环境和组织模式不断演变发展、推陈出新，经济、管理、财税等领域的新理论、新思想、新方法、新工具也层出不穷。乱花渐欲迷人眼，击水三千浪几何？这些领域的研究人员被时代赋予了更艰巨的责任，也面临着更高、更多元的要求，我们不仅要具备更广阔的学术视野，而且要有更严谨的学术思维。

输在犹豫，赢在行动

《中青年经济与管理学者文库》的作者，都是我国经济与管理领域的中坚力量，也是未来的大家。他们中有些人潜心从事理论研究，有些人则深耕在实务一线，但无论现实身份如何，视野全都没有被拘泥在“象牙塔”内。他们从不同视角对市场经济的不同要素进行细致审视，然后汇聚于“财经版”这面旗帜之下，相互碰撞，彼此激荡，力求在市场经济转型升级的关键时期留下最新鲜的“中国印记”。

这些经济与管理领域的中青年学者，就是我国市场经济发展的潜力与优势，他们的研究成果，不仅将引领市场经济的各个组成环节向更科学、更先进的方向发展，而且将成为我国政府和企业在未来经济世界扮演更重要角色的支点与动力。祝愿这些中青年学者能攀上更高的学术之山，走向更远的研究之路，也期待宏观、中观、微观各个层面的市场参与者都能从这套文库中得到切实的启发与指引，在全面深化改革、增强发展活力的关键时期，发挥正能量和积极作用，为经济社会发展增添新的动力！——这也是我策划此套丛书的初衷。

2017 年策划出版《中青年经济与管理学者文库》至今已 9 年，得到了众多中青年学者的热烈响应与大力支持，文库诞生至今已囊括专著近百种，为年学者们提供了展示学术研究成果的平台，作者队伍不断中青壮大，作品陆续出版。如果您认可，如果您有意愿，欢迎您和您的朋友加盟我们的作者队伍！在中国财经出版传媒集团的“旗舰”下，中国财政经济出版社这“老字号”，一定励精图治，谱写新的篇章。敬请关注“龙媒玉制新书坊”微信公众号，我们用“龙的精神，玉的品质”来助力您实现梦想！

策划人：樊清玉

邮箱：qingyuf@ sina. com

2025 年 7 月 1 日

前言

为了应对日趋复杂的外部市场环境和内部经济转型发展的需要，通过科技创新推动经济和社会发展已经成为全社会的共识。企业作为科技创新的主体，如何通过内部创新机制的培育和创新资源的有效配置促进企业创新活动的开展成为学界和实务部门共同关注的话题。企业创新投资的波动往往造成高昂的调整成本，包括研发人员的雇佣、培训，以及解聘成本。为此，保证创新投入资金的平稳性成为创新活动顺利进行的前提条件。若创新投资的资金来源受到财务冲击的影响出现问题，企业势必需要解雇相关技术人员。这样一方面导致前期的经济投入变为沉没成本无法收回，另一方面也有可能造成企业核心技术与关键信息的泄露，在市场竞争中处于被动局面。因此，确保资金来源的稳定以避免高昂的调整成本，就成了企业创新决策中需要考虑的一个重要方面。然而，由于周期长风险大，信息不对称，以及缺乏抵押担保品等原因，企业创新的融资较一般融资更为困难，普遍受到更大程度的融资约束。

企业创新主要依赖内部资金。现金持有是企业财务决策的重要组成部分，在分析企业现金持有决策的影响因素时，少有文献将企业创新行为考虑在内。企业是推动科技创新的主体，探究企业创新对现金持有决策的影响，不仅有助于企业制定合理的财务决策，提升企业创新效率与资金使用效率，也是进一步提高国家创新能力的关键。

根据现金持有的预防性动机，企业为了应对未来现金流的不确定性以及发生财务危机的可能性而持有现金。创新行为始终伴随着高风险性，难以获得外部融资支持，企业为了保障创新投入的平稳，避免高昂的调整成本而预留现金，创新投入越多的企业会选择持有更多现金。此外，现金资产是一种安全性资产，也具有对冲和平衡创新投资资产的风险性和应对外部竞争不确定性的功能。当高风险的创新投资项目显著增加了资产组合的风险时，企业会相应地增加无风险的现金资产在组合中的比重以平衡整体风险。已有关于企业现金持有决策的研究主要关注了企业规模、成长性、盈利能力、代理问题、治理结构、风险与不确定性，以及融资约束、外部市场与制度环境等因素的影响，但却鲜有文献将企业创新行为作为现金持有决策的影响因素，检验创新行为对我国上市企业现金持有策略的影响。

鉴于此，本书在回顾和总结已有企业创新与现金持有相关理论和文献的基础上，将理论分析和实证研究相结合，采用多种研究方法探讨企业科技创新对现金持有决策的影响及决策动机，并从企业内部治理措施与外部治理环境两个方面提出优化企业财务决策，提高科技创新效率的对策建议。在实证研究中，以2008—2019年沪深A股非金融类上市企业为研究样本，先后从创新投入与创新产出的角度，检验了企业创新行为对现金持有决策的影响。首先，从创新投入的角度，检验企业创新投资对下一期现金持有水平的影响以及具体的影响途径；其次，通过分析外部融资约束、企业风险承担水平、行业竞争程度对创新投资与现金持有之间关系的影响，进一步识别出企业创新行为影响现金持有水平的决策动机；再次，从创新产出的角度，分析企业创新行为的异质性对现金持有决策的影响差异；最后，从企业内部治理措施与外部治理环境两个方面，分析内外部治理对企业创新行为与现金持有之间关系的影响。

本书主要的研究结论可以归纳为以下几点：

第一，企业创新投资会显著增加未来现金持有。创新投资越多，企业下一期的现金持有水平越高。企业创新通过降低现金股利支付意愿与股利支付水平，提高商业信用水平增加了企业的现金持有。针对模型估计中可能存在的内生性问题，本书先后采用动态面板回归模型、工具变量法、倾向得分匹配法以控制遗漏变量、反向因果以及样本选择偏误等内生性问题对研究结论的干扰。

第二，创新投资与现金持有之间的关系受到外部融资约束、风险承担水平、行业竞争程度的影响。外部融资受限的企业会为创新投资储备更多现金以缓解融资约束的影响；风险承担水平高的企业会为创新投资预留更多现金以平衡风险，避免企业因过度承担风险陷入财务危机；激烈的行业竞争会促使企业为创新投资提供更多现金持有以保持创新的持续性，通过不断创新获得竞争优势。

第三，企业创新行为的异质性会显著影响其现金持有决策。具体来说，本书发现科技主导型企业与一般企业相比，会显著提高企业未来的现金持有水平；企业的科技创新强度会显著提高企业未来的现金持有水平；高风险性创新行为也会显著提高企业未来的现金持有水平。

第四，有效的内部治理措施与更好的外部治理环境能够强化企业创新行为对现金持有的影响。现金作为最易被侵占的公司资产，在两类代理问题严重的企业中，极易被管理层与控股股东耗费或转移。而有效的内部治理措施与更好的外部治理环境，能够通过一致化管理层与股东的利益目标，完善利益制衡机制，提高企业信息透明度，增强外部监督等途径，抑制两类代理问题，减少企业创新中两类代理问题对于现金资产的消耗，强化企业创新行为对现金持有的影响。

相较于现有文献，本书可能存在以下创新之处：

第一，当前关于企业现金持有决策影响因素的研究主要集中在企业特征、治理结构、外部环境等层面，鲜有文献将企业创新行为考虑在内，检验企业创新行为对现金持有决策的影响。本书基于现金持有的预防性动机和投资组合理论，先后从创新投入与创新产出的角度，分析检验企业创新行为对现金持有决策的影响，并进一步探讨了企业创新行为影响现金持有决策的途径，从而揭示了企业创新行为与现金持有之间的内在关系，拓展了科技创新问题和现金持有问题的研究视野。

第二，本书从创新行为与现金持有的相关性角度，检验了外部融资约束、企业风险承担水平、行业竞争程度的影响，进一步识别出企业为创新行为增加现金持有的决策动机。本书的研究丰富了有关融资约束、风险承担、行业竞争影响企业现金持有决策的研究成果。

第三，本书不仅考察了企业创新投资对未来现金持有水平的影响，还从创新产出的角度深入剖析了企业创新行为的异质性对现金持有决策的影响差异。理论上加深了创新行为的不同特征对内部现金依赖性的认识和理解，丰富了研究文献。

第四，在有关内外部治理影响企业创新行为的研究中，已有文献主要致力于探讨内部治理措施与外部治理环境对企业创新投入水平的影响，却少有文献从创新行为与现金持有之间相关性的角度分析内外部治理的影响。本书验证了有效的内部治理措施和更好的外部治理环境，能够强化企业创新行为对现金持有水平的影响，有助于企业现金持有的财务决策更好地满足科技创新的需要。

目　录

第1章
引 言

1.1 选题背景与研究意义

1.1.1 选题背景

作为经济增长的重要驱动力，科技创新已经成为国家经济发展最重要的推动力量，对社会财富增长起到决定性作用。科技创新要依赖企业。探求企业创新的影响因素不仅有助于打造企业核心竞争力，获取创新市场中的竞争优势，还是进一步提高国家创新能力的关键。同时，现金持有决策在企业财务决策中具有重要的战略地位。当前文献在分析企业现金持有决策的影响因素时，主要关注企业特征、治理结构、外部环境等方面的影响，少有文献将企业创新行为考虑在内，检验企业创新对现金持有决策的影响。企业是推动科技创新的主体，分析企业创新对现金持有决策的影响，不仅有助于企业制定合理的财务决策，提升企业创新效率与资金使用效率，而且有助于进一步提升国家自主创新能力。

保障企业创新活动顺利开展的先决条件是创新投入资金的平稳性。原因是创新行为的典型特征之一即调整成本高昂（Himmelberg 和 Petersen，1994）。若企业创新过程中的资金供应链出现问题，将有可能面临核心人员流失、关键技术泄露、创新效率下降等诸多问题，在市场竞争中处于被动局面。因此，确保资金来源的稳定以保障创新投资的平滑，就成了企业创新决策中需要考虑的一个重要方面（Shin 和 Kim，2011）。然而，由于更高的风险性，更严重的信息不对称，以及企业资产中更大比例的无形资产等原因，创新活动的融资较一般融资更为困难，普遍受到更大程度的融资约束（卢馨，2013）。唐清泉等（2009）通过研究企业创新投资与内部资金的关系，发现创新投资因其特殊性造成企业与外界严重的信息不对称，进而更多依赖于企业内部资金进行支持。基于此，建立和运用预防性现金持有储备，就成了保持创新投资持续稳定的重要方式之一。Schroth 和 Szalay（2010）认为技术创新的首要任务是储备现金。根据凯恩斯的预防性现金持有动机，企业为保障创新活动的顺利进行和可持续发展而预留现金，创新投入越多的企业预期会在期末保留更多现金。同时根据投资组合理论，资产配置是企业投资决策中一个非常重要的环节。若企业需要规避风险，资产配置中的现金资产就不可或缺。因此，当高风险的创新投资项目显著增加投资组合的风险时，企业会相应地增加无风险现金资产在组合中的比重以平衡整体风险，避免企业因现金流的剧烈波动陷入破产清算的危机，从而提高企业的现金持有水平。外部融资约束、企业风险承担水平、行业竞争程度预期将会显著影响企业创新与现金持有决策之间的关系。

自我国大力推进自主创新，实施创新驱动型发展战略以来，越来越多的企业重视创新在企业发展中的作用，加大创新投入，提升自主创新能力。然而，企业之间由于所属行业、经济基础、技术水平、科研实力等方面的不同，其创新行为与创新能力也会呈现出显著差异。受到外部融资约束和企业资产组合风险水平的影响，现金持有成为企业应对外部不确定性、平衡内部风险的重要工具。企业创新行为的异质性将进一步影响企业现金持有决策方面的差异。

所有权与经营权的分离产生了委托代理问题，即第一类代理问题。Jensen（1979）指出当企业现金流充足时，管理层有动力通过高额薪酬和在职消费实现自身利益最大化。因此，企业内部的自由现金流是管理者追求个人利益的源泉，是引发代理问题的关键。进入 20 世纪，第二类代理问题逐渐得到关注。由于控制权与现金流权的分离，控股股东有动机以牺牲中小股东利益为代价，掏空公司，实现利益输送。现金作为流动性最强的资产，极易成为管理层与控股股东谋取私利的工具。两类代理问题在上市企业创新行为中仍然存在（刘胜强，2015）。有效的内部治理措施与更好的外部治理环境能够通过协调管理层与股东的利益目标，强化企业外部监督，提高企业信息透明度等途径，抑制两类代理问题，减少企业创新过程中管理层与控股股东对现金资产的消耗与挪用，提高企业创新投入水平。Francis（2013）指出公司治理水平较高的企业能够更有效地抑制管理层与控股股东的机会主义行为。

本书通过数据统计发现，在2008年至2019年的十余年间，我国非金融类上市企业的平均现金持有水平达到26.7%，这意味着超过1/4的账面资产表现为现金及其等价物。高额现金持有会给企业带来高昂的管理成本与机会成本。那么，企业保持如此高水平的现金持有原因何在？企业的创新行为能否解释我国上市企业这一高比例的现金持有？创新行为具体通过哪些途径影响了企业的现金持有水平？企业为创新行为调整现金持有水平的决策动机是什么？企业创新行为的异质性是否会影响其现金持有策略？内、外部治理是否影响了企业创新行为与现金持有之间的关系？全书将按照理论分析—研究假设—研究设计—实证结果分析的步骤依次对以上问题进行探讨。

为了回答以上问题，本书利用中国沪深A股市场上市公司样本，在文献梳理、理论分析和研究设计的基础上，从四个方面对上述问题进行了实证分析：第一，为了避免创新行为高昂的调整成本，保证资金来源的平稳性，同时也为了平衡创新投资资产的风险，基于预防性现金持有动机和投资组合理论，检验创新投资是否会显著提高企业下一期的现金持有水平，创新投资具体通过哪些途径影响了企业的现金持有；第二，通过考察外部融资约束、企业风险承担水平、行业竞争程度对企业创新与现金持有之间关系的影响，分析企业为创新行为增加现金持有的决策动机；第三，根据企业所属行业、创新强度与创新风险性的差异，从创新产出的角度检验企业创新行为的异质性对现金持有决策的影响差异；第四，从企业内、外部治理的差异性入手，分析有效的内部治理措施与更好的外部治理环境能否通过抑制两类代理问题对现金资产的消耗，强化企业创新行为对现金持有水平的影响。

1.1.2 研究意义

本书的研究意义可以从理论意义和现实意义两个方面来表述。在理论方面，新经济增长理论指出知识和技术是影响经济增长的关键，相对于要素驱动下的短期经济增长，创新驱动才能使一国经济获得持续繁荣。党的二十大报告指出，创新是引领发展的第一动力，是建设现代化经济体系的战略支撑，强调要强化企业科技创新主体地位。创新是一个企业，乃至一个国家发展的动力源泉。

保障企业创新活动顺利开展的先决条件是投入资金的平稳性，原因是创新行为的典型特征之一，即高昂的调整成本。然而，由于周期长风险大、信息不对称以及缺乏抵押担保品和产出不确定等原因，企业创新的融资较一般融资更为困难，普遍受到更大程度的融资约束。基于此，建立和运用预防性现金持有储备，就成了保持创新投资持续稳定的重要方式之一。根据现金持有的预防性动机，预期企业将为创新行为增加现金持有以避免高昂的调整成本，从而显著提高了企业的现金持有水平。国内学者在分析企业现金持有决策的影响因素时，已经关注了企业规模、成长性、杠杆率、盈利能力、代理问题、治理结构、风险与不确定性，以及融资约束、外部市场与制度环境等因素的影响，但没有将创新行为对企业现金持有决策的影响考虑在内。同时，也还未有文献从外部融资约束、企业风险承担与行业竞争的角度分析企业创新行为影响现金持有决策的动机，同样未有研究深入剖析企业创新行为的异质性怎样影响了企业的现金持有决策，内外部治理又在企业创新行为与现金持有决策之间发挥了怎样的作用。

本书的理论意义在于：第一，本书揭示了企业创新行为对现金持有决策的影响以及企业现金增持的实现途径，增进了学术界关于企业创新行为对企业财务决策模式的认识和理解，丰富了相关研究文献。第二，本书揭示了企业创新行为影响现金持有决策的动机，验证了预防性现金持有动机和投资组合理论在企业财务决策中的应用，为相关理论在中国实践场景的应用提供了新的证据。第三，本书系统考察了企业创新的异质性对企业现金持有决策的影响差异，深化了学术界对企业创新行为异质性的认识。第四，本书系统分析了企业内部治理措施与外部治理环境对企业创新行为和现金持有决策之间关系的影响，拓展了关于企业内外部治理效应的研究。

本书利用2008—2019年中国沪、深A股非金融类上市公司的相关数据，系统考察了企业创新行为对现金持有决策的影响。本书的实践意义在于：第一，对上市公司而言，在我国大力提倡自主创新的背景下，本书的研究为我国上市公司，尤其是高科技上市公司制定合理的财务决策提供了依据。公司应结合自身创新行为的需求，以及实际受到的融资约束程度和风险承担水平，合理制定企业的现金持有政策与股利分配政策，保证创新资金来源的稳定性与持续性，避免高昂的调整成本，提高企业在创新市场的竞争力。同时提示相关企业结合自身实际情况，通过有针对性地完善公司治理机制，减少两类代理问题对企业资金的消耗，使企业现金持有更直接地服务于创新行为的资金需求，有效提高企业创新效率与资金使用效率。

第二，对外部金融机构而言，在我国当前深化金融体制改革的背景下，金融机构应与政府、企业、高校等一起构建分工协作、有机结合的创新链，形成有中国特色的协同创新体系。改善有关企业创新的金融服务，构建更完整的服务于科技创新的金融体系，推进金融行业的供给侧结构性改革，更有效地缓解企业创新的外部融资约束，帮助企业节约现金成本。

第三，对政策制定者与监管部门而言，本书的研究发现也提示相关部门可通过进一步完善我国多层次资本市场的建设，更大力度地满足创新型企业多渠道的融资需求。上市公司分红政策的制定也要兼顾企业创新的资金需求与企业所处的研发阶段，简单“一刀切”地强制分红会给处于科技攻关的企业带来额外的资金压力。同时进一步加大对于企业创新行为的财政支持力度，落实税收优惠政策，提高企业流动性，帮助企业直接减少预防性的现金持有，节约现金管理成本与机会成本，提高经济效益，有效助力企业创新发展。在改善外部治理环境方面，加大对上市企业的监督力度，提高企业信息透明度，通过抑制两类代理问题，使现金持有的财务决策更充分地服务于企业创新，提高企业资金使用效率与创新绩效。

1.2 研究思路与研究方法

1.2.1 研究思路

在以上理论背景和现实背景下，本书探讨了我国上市企业科技创新对现金持有决策的影响及其异质性问题，旨在研究出于保障创新资金来源平稳性和控制企业资产组合风险的考虑，企业创新行为是否显著影响了未来的现金持有水平；企业为创新行为增加现金持有受到哪些决策动机的影响；企业创新行为的异质性对企业现金持有决策的影响造成了哪些差异；完善的内外部治理能否强化企业创新行为对现金持有决策的影响。本书主要的研究思路是：首先，基于现金持有的预防性动机和投资组合理论，通过构建回归模型，实证检验出于避免调整成本以及控制企业资产组合风险的考虑，企业创新投资是否显著提高了下一期的现金持有水平；并进一步检验企业创新投资影响现金持有水平的作用途径。

以往关于企业现金持有决策影响因素的研究，主要关注于企业特征、治理结构、外部市场、制度环境等层面的因素对现金持有决策的影响，但鲜有文献将企业科技创新考虑在内，检验企业创新行为对现金持有决策的影响。为此，本书提出了一个新的研究方向，提示相关企业在确定合理的现金持有水平时，需充分考虑企业创新的资金需求。

其次，通过检验外部融资约束、企业风险承担水平、行业竞争程度对创新投资与现金持有之间关系的影响，进一步分析企业为科技创新增加现金持有的决策动机。

通过在基本回归模型中逐一引入创新投资与外部融资约束、创新投资与企业风险承担水平、创新投资与行业竞争程度的交乘项，进一步识别出企业为科技创新增加现金持有的决策动机：第一，弱化外部融资约束的影响。融资约束对于企业创新具有显著的抑制作用，外部融资途径受限的企业预期将为创新投资储备更多现金以缓解融资约束的影响。第二，平衡企业整体风险。风险承担水平高的企业预期将为高风险的创新行为匹配更多无风险的现金资产以平衡风险，避免企业因过度承担风险陷入财务困境。第三，应对激烈的行业竞争。预期在竞争激烈的行业中，企业将为创新投资提供更多的现金持有以保持创新的持续性，通过不断创新获得竞争优势。

再次，从创新产出的角度深入挖掘企业创新行为的异质性对现金持有决策的影响差异，从而考察企业创新行为的不同特征对内部现金依赖性的影响。

与一般企业相比，科技主导型企业以科技创新为核心，通过创新获得竞争优势，创新行为在科技主导型企业中更具战略地位。因此，这一类企业需要把更大比例的资金用于科技创新，以保持其竞争优势。然而，由于创新行为的典型特点，如周期长、风险大，以及缺乏抵押担保品等，企业创新普遍面临外部融资约束。基于此，科技主导型企业需要预留更多现金以满足科技创新的资金需求。同时，创新行为持续性的典型特点要求科技创新强度大的企业始终保持高水平的现金投入以维持其创新强度。因此，企业的创新强度越大，对未来现金持有水平的要求越高。根据财务弹性理论，不确定性越大的企业越倾向于依靠增加现金持有来获得财务弹性。高风险性创新行为因其创新产出与市场前景的不确定，为企业经营带来了更大的风险，促使企业通过增加现金持有维持财务弹性。本书试图检验证实企业创新行为中的高风险性创新会显著提高企业未来的现金持有水平。

最后，在不同治理背景下，探讨企业完善的内外部治理能否强化企业科技创新对现金持有决策的影响。

已有文献发现，完善的内外部治理能够通过抑制企业内部人的机会主义行为，减少管理层和控股股东对公司资源的侵占。基于此本书试图验证，有效的内部治理措施与更好的外部治理环境能够通过抑制两类代理问题，减少两类代理问题对于企业现金的无谓消耗，使现金持有的增加更直接地来源于企业创新的资金需求，从而强化企业科技创新对现金持有决策的影响。

1.2.2 研究方法

本书选取2008—2019年我国沪深A股非金融类上市企业为初始研究样本，探讨企业科技创新对现金持有决策的影响及其异质性对现金持有决策的影响差异。首先，从创新投入的角度，检验企业科技创新对未来现金持有水平的影响；其次，检验融资约束、企业风险承担水平、行业竞争程度的提高是否强化了企业科技创新对现金持有水平的影响；再次，从创新产出的角度，深入挖掘企业创新行为的异质性对现金持有决策的影响差异；最后，从治理背景差异性的角度探讨了内外部治理环境的改善能否强化企业科技创新对现金持有决策的影响。具体采用的研究方法有：

第一，归纳总结法。在文献综述部分，本书根据研究需要，采用归纳总结的方法，对三方面的文献进行了梳理：第一方面是关于企业科技创新特征与融资决策问题的研究，归纳总结了有关企业创新行为的特征，企业创新的融资决策问题的相关研究发现；第二方面是关于企业财务决策和现金持有问题的研究，主要概括了已有文献中有关财务决策的影响因素，企业现金持有的动机与影响因素，现金持有在企业创新中的价值的相关研究发现；第三方面是关于企业融资约束和风险承担问题的研究，归纳总结了融资约束对企业行为的影响，以及企业风险承担经济后果的相关研究发现。在归纳总结相关研究发现的基础上，指出已有文献中尚未分析的问题，并提出自己的研究思路与研究主题。

第二，理论分析法。理论分析法是本书主要运用的分析方法。其中，在第3章，本书依据现金持有的预防性动机以及投资组合理论，理论分析并逻辑推论企业科技创新对现金持有决策的影响；在第4章，本书根据有关融资约束、企业风险承担与行业竞争的理论和已有研究发现，理论分析和逻辑推论外部融资约束的增强、企业风险承担水平的提高、行业竞争程度的加剧都会强化企业科技创新对现金持有决策的影响；在第5章，本书理论分析了科技主导型企业、科技创新强度和高风险性创新等创新异质性对企业现金持有决策的影响；在第6章，本书根据委托代理理论和公司治理理论，理论分析了企业内部治理措施与外部治理环境对科技创新与现金持有决策之间关系的影响。以上各部分通过理论分析和逻辑推论提出了各章主要的研究假设。理论分析方法的运用，增强了本书各主要推论的内在逻辑性和经济合理性。

第三，实证分析法。在理论分析提出研究假设的基础上，本书采用多种方法进行了实证检验。在第3章的回归分析中，本书首先采用回归模型实证检验企业创新投资对未来现金持有水平的影响。针对可能存在的内生性问题，回归模型中所有的解释变量与控制变量均采用滞后一期的处理方式，同时控制了公司固定效应。并且在稳健性检验中，依次采用动态面板回归模型、工具变量法以及倾向得分匹配法控制遗漏变量、反向因果以及样本选择偏误等内生性问题对研究结论的干扰。第4章为了探讨企业科技创新影响现金持有水平的决策动机，本书通过在基本回归模型中逐一引入创新投资与融资约束、创新投资与高风险承担水平、创新投资与高竞争行业的交乘项，检验融资约束的增强、风险承担水平的提高、行业竞争程度的加剧是否会强化科技创新对企业现金持有水平的影响，并采用分组回归以及变更度量指标等方法进行稳健性检验。在第5章企业创新行为的异质性对现金持有决策的影响分析中，本书采用设定虚拟变量、分组回归等方法深入剖析企业是否隶属于高科技产业、企业的科技创新强度与高风险性创新行为对未来现金持有决策的影响。在第6章内外部治理的影响分析中，本书分别从内部治理措施与外部治理环境两个方面检验有效的内部治理措施与更好的外部治理环境能否通过抑制代理问题，强化企业科技创新对现金持有的影响。在内部治理措施的影响分析中，本书在基本回归模型中逐一加入管理层持股、流通股比例、股东人数、股权制衡水平等控制变量，将加入之后创新投资的回归系数与加入之前的回归系数做比较，以验证有效的内部治理措施能够强化企业科技创新对现金持有的影响；在外部治理环境的影响分析中，本书按照市场化程度高低将样本分为外部治理环境好的样本组与治理环境差的样本组，然后分组回归，对比创新投资在两个样本组的回归系数差异，以检验更好的外部治理环境能否强化企业科技创新对未来现金持有的影响。

1.3 本书结构与主要研究内容

本书以我国沪、深 A 股 2008—2019 年非金融类上市企业为研究样本，旨在研究企业创新行为对现金持有决策的影响。首先从创新投入的角度，探讨出于保障创新投资平稳性，避免高昂的调整成本的考虑，企业创新投资是否显著影响了企业的现金持有决策；然后分析企业创新投资影响现金持有水平的决策动机；接着从创新产出的角度，深入分析企业创新行为的异质性，对现金持有决策的影响差异；最后分析企业内外部治理能否通过抑制两类代理问题，强化企业创新行为对现金持有的影响。根据上述分析层次，本书总共分为 7 个部分（见图 1 - 1）。

第 1 章引言。本章包括选题背景与研究意义、研究思路与研究方法、本书结构和主要研究内容、主要研究结论、创新之处和研究不足等。通过阐述实践背景和理论背景，提出本书要研究和回答的主要问题：我国上市企业为何会保持如此高水平的现金持有？企业创新行为能否解释我国上市企业这一高比例的现金持有？企业为创新行为增加现金持有的决策动机有哪些？企业创新行为的异质性，是否影响了企业的现金持有决策？有效的内部治理措施与更好的外部治理环境能否通过抑制代理问题，减少现金资产的无谓消耗，从而强化企业创新行为对现金持有决策的影响？本章是对全书主要内容的一个提炼与浓缩。

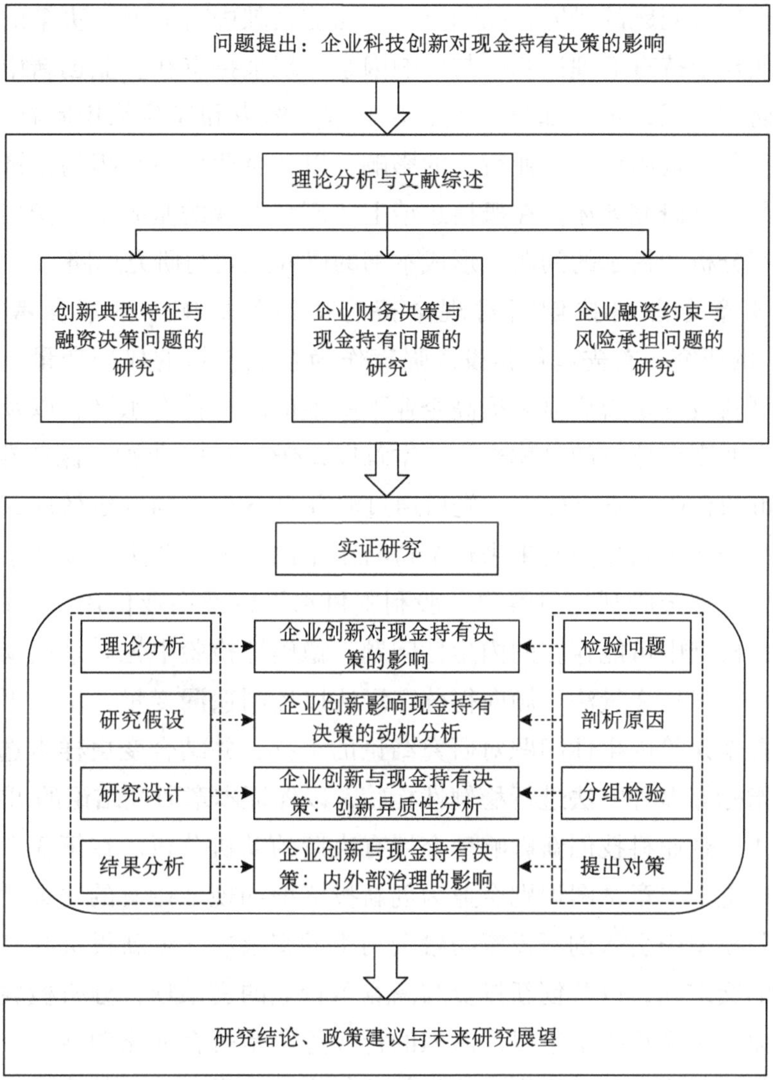

图1-1　研究路线

第2章文献综述。本章系统、全面地梳理出与研究内容相关的主要文献，总结概括其研究角度与主要的研究结论。根据相关文献关注的侧重点不同，本章主要包括三个部分的文献梳理。第一部分是关于企业创新行为特征与融资决策问题的研究，归纳总结了有关企业创新行为的特征，企业创新的融资决策问题的相关理论与研究发现；第二部分是关于企业财务决策和现金持有问题的研究，归纳总结了当前文献中有关财务决策的影响因素，企业现金持有的理论基础与影响因素，现金持有在企业创新中的价值的相关研究发现；第三部分是关于企业融资约束和风险承担问题的研究，主要概括了融资约束对企业行为的影响，以及企业风险承担的经济后果等内容。最后是研究评述，在概括总结上述研究发现的基础上，指出已有研究中没有分析和揭示的问题，形成本书的研究主题与研究思路。

第 3 章企业科技创新对现金持有决策的影响。本章参考何玉润（2015）的研究，首先以创新投入强度作为企业创新的代理变量，主要探讨企业创新投资是否会显著提高企业下一期的现金持有水平，以及创新投资增加企业现金持有的具体途径。本章以 2008—2017 年沪、深证券交易所 A 股上市的企业为研究样本，先后通过混合 OLS 模型与固定效应回归模型实证检验企业创新投资对未来现金持有水平的影响，并进一步考察了企业创新投资对现金股利支付意愿、股利支付水平以及商业信用水平的影响。针对回归模型中可能存在的内生性问题，稳健性检验中先后采用动态面板回归模型、工具变量法、倾向得分匹配法以控制遗漏变量、反向因果以及样本选择偏误等内生性问题对研究结论的干扰，并结合变更样本选择、更换度量指标等多种方法进行稳健性检验，以保证本章研究结论的可靠。

第 4 章企业科技创新影响现金持有决策的动机分析。在第 3 章研究发现的基础上，本章试图识别企业为创新投资增加现金持有的决策动机。先后在回归模型中引入创新投资与融资约束的交乘项、创新投资与高风险承担水平的交乘项，以及创新投资与高竞争行业的交乘项，分析检验融资约束、企业高风险承担水平以及激烈的行业竞争是否会强化创新投资对现金持有水平的影响，从而识别企业为创新行为增加现金持有的决策动机：第一，缓解外部融资约束的影响；第二，平衡企业整体风险；第三，应对激烈的行业竞争。在稳健性检验中，通过分组回归的方法克服回归估计中的内生性问题，并且先后更换了融资约束、风险承担水平、行业竞争程度的度量方法，同时把外部政策环境中创新驱动发展战略的影响考虑在内，以保证本章研究结论的可靠性。

第 5 章科技创新与现金持有决策：创新异质性分析。本章主要从创新产出的角度，检验企业创新行为的异质性是否会对现金持有决策造成不同影响。具体来说，首先根据是否隶属于高科技产业，将企业分类为科技主导型企业与非主导型企业，检验科技主导型企业虚拟变量对未来现金持有水平的影响；其次从创新产出的角度出发，以企业当年人均专利申请数量度量企业科技创新强度，检验企业创新强度对未来现金持有水平的影响；最后从创新行为的风险性角度分类，探讨高风险性创新行为对企业未来现金持有水平的影响。

第6章科技创新与现金持有决策：内外部治理的影响。本章探讨不同治理背景下，企业创新行为对未来现金持有水平的影响差异，分为内部治理措施与外部治理环境两个方面。依次探讨有效的内部治理措施与更好的外部治理环境，能否通过抑制两类代理问题减少企业创新行为中无意义的资金耗费，使增加的现金持有更直接地服务于企业创新的需求。

第7章研究结论、政策建议与未来研究展望。本章首先总结全文研究思路与主要发现，从理论层面与现实层面概括本书研究意义；其次结合文章结论，有针对性地提出相关政策建议；最后针对本书当前研究的局限性，指出未来可能的研究方向。

1.4 主要研究结论

本书着重探讨了企业创新行为对现金持有决策的影响及其异质性分析，主要的研究结论可以归纳为以下几点：

第一，企业创新投资会显著增加未来现金持有。创新投资越多，企业下一期的现金持有水平越高。企业创新通过降低现金股利支付意愿与股利支付水平来提高商业信用水平，从而增加了企业的现金持有。

第二，创新投资与现金持有之间的关系受到外部融资约束、企业风险承担水平、行业竞争程度的影响。由于创新投资普遍受到融资约束，企业会为创新投资储备更多现金以缓解融资约束的影响；风险承担水平高的企业会为创新投资预留更多现金以平衡风险，避免企业因过度承担风险陷入财务危机；激烈的行业竞争促使企业为创新投资提供更多现金持有以保持创新的持续性，通过不断创新获得竞争优势。

第三，企业科技创新的异质性，会显著影响企业的现金持有决策。具体来说，科技主导型企业与其他企业相比，会显著提高企业下一期的现金持有水平；企业的科技创新强度会显著提高企业未来的现金持有水平；高风险性创新行为会显著提高企业未来的现金持有水平。

第四，有效的内部治理措施和更好的外部治理环境能够强化企业科技创新对现金持有决策的影响。有效的内部治理措施和更好的外部治理环境，由于抑制了股东和管理者代理问题对现金持有的私利动机，从而使企业现金持有决策更充分地反映了企业科技创新对现金持有的依赖。

1.5 创新之处和研究不足

通过对已有文献研究内容与主要结论的梳理与比较，本书的创新之处主要体现在以下几个方面：

第一，本书揭示了科技创新与现金持有之间的内在关系。当前关于企业现金持有决策的研究主要关注企业规模、成长性、盈利能力、代理问题、治理结构、风险与不确定性，以及融资约束、外部市场与制度环境等因素的影响，却鲜有文献将企业科技创新作为现金持有决策的影响因素，检验创新行为对我国上市企业现金持有策略的影响。本书基于现金持有的预防性动机与投资组合理论，先后从创新投入与创新产出的角度，分析检验企业科技创新对现金持有决策的影响，并进一步探讨了企业创新行为影响现金持有水平的途径，从而揭示了企业科技创新与现金持有之间的内在关系，拓展了科技创新问题和现金持有问题的研究视野。

第二，本书从科技创新与现金持有的相关性角度，检验了外部融资约束、企业风险承担水平、行业竞争程度的影响，进一步识别出企业为科技创新增加现金持有的决策动机：弱化融资约束的影响；平衡企业整体风险；应对激烈的行业竞争。本书的研究丰富了有关融资约束、风险承担、行业竞争影响企业现金持有决策的研究成果。

第三，本书不仅考察了企业创新投资对未来现金持有水平的影响，还从创新产出的角度深入剖析了企业科技创新的异质性对现金持有决策的影响差异。理论上加深了科技创新的不同特征对内部现金依赖性的认识和理解，丰富了研究文献。

第四，本书考察了内外部治理对企业科技创新和现金持有之间关系的影响。结论显示，有效的内部治理措施和更好的外部治理环境，能够强化企业科技创新对现金持有的影响，有助于企业现金持有的财务决策更好地支持科技创新的活动。同时也支持了合理的财务决策能够更好地支持和提高科技创新效率的研究发现。

虽然本书具有一定的创新点与理论意义，但也还存在一些不足之处。例如，本书没有探讨后续环节中，企业现金持有的财务决策是否切实提高了企业的创新效率；两类代理问题与公司内外部治理在这个后续的环节中又将发挥怎样的作用；以及当前实行的半强制分红政策对企业的创新绩效与资金使用效率又会带来怎样的影响。

第 2 章 文献综述

根据本书的研究主题，本章文献综述主要归纳和总结了与本书研究相关的三个方面的研究文献及相关理论。第一部分是关于企业科技创新特征与融资决策问题的研究，归纳总结了有关创新行为的特征，企业创新的融资决策问题的相关理论与研究成果；第二部分是关于企业财务决策和现金持有问题的研究，概括总结了已有文献中有关财务决策的影响因素，企业现金持有的理论基础与影响因素，现金持有在企业创新中的价值的相关研究成果；第三部分是关于企业融资约束和风险承担问题的研究，归纳总结了有关融资约束对企业行为的影响，以及企业风险承担经济后果的相关研究成果；最后一部分为研究评述，通过回顾与梳理上述相关研究的主要发现，分析了现有研究与本书选题的联系与区别，进一步明确了本书的研究主题。

2.1 关于企业科技创新特征与融资决策问题的研究

科技创新在企业生存与发展中所发挥的作用日益显著。随着市场经济的不断深化，企业在激烈的市场竞争中若要获得竞争优势，更需通过科技创新提高企业核心竞争力，加大企业创新能力建设，以科技创新驱动自身转型升级。在我国大力提倡自主创新的社会背景下，正确理解企业创新行为的特征、经济后果和影响因素，对于合理利用企业资源，在市场经济中充分发挥科技创新的价值增长作用具有十分重要的意义。

2.1.1　关于企业科技创新特征的研究

企业创新的先决条件是保证创新投入资金的平稳性，这是因为高昂的调整成本是创新行为的典型特征（Himmelberg 和 Petersen，1994）。研发人员的雇佣、解聘，以及培训成本都较为高昂。Hall 和 Lerner（2010）统计发现大约 50% 的创新支出用于支付研发人员的薪酬。若研发资金来源受到财务冲击的影响出现问题，企业势必需要解雇相关技术人员。这样一方面导致前期的经济投入变为沉没成本无法收回，另一方面也有可能造成企业核心技术与关键信息的泄露，在市场竞争中处于被动局面。Zander 和 Kogut（1995）指出，被解雇者会采用直接或间接的方式将这些信息和技术散布给竞争对手，从而降低本企业正在开展的创新项目的价值，使企业丧失竞争优势。倘若财务冲击是暂时的，后期选聘与培训新人会带来更高成本。Grabowski（1968）则指出研发人员的供给是缺乏弹性的，即一旦企业在危机时解雇相关人员，那么度过危机后也难以将其重新聘回。而且，研发团队的固定成员发生变动也会打破之前稳定的研究路线，破坏团队成员长期合作形成的默契性，降低企业创新产出的效率，造成时间与资源的浪费。

除此之外，企业创新还有周期长、风险大、信息不对称、外部估值困难、无形资产占比高等典型特征。国内学者总结企业创新行为的特点时指出：第一，企业创新主要致力于服务自身的生产经营与利润创造，因此企业内部比外部掌握更多的有关创新进度与未来前景的信息，同时核心技术与关键信息又严格保密，进一步提高了信息不对称程度（唐清泉与徐欣，2010）；第二，企业创新所带来的经济收益无法从市场中直接获取，短时间内难以衡量，未来市场前景又有很大的不确定性，从而导致外部投资者难以对创新项目合理估值；第三，在项目研发的过程中，企业始终面临着资金风险。无论在研发初期还是中后期，企业都必须保证资金流的持续稳定，若资金链出现问题导致研发项目暂停或终止，则前期的经济投入都将变为沉没成本无法收回。同时，在当前技术飞速发展的时代背景下，企业若要保持其创新潜力，需始终保持高水平的资金投入，以应对激烈的市场竞争（陈海声，2006）。国外学者 Bushee（1998）、Wahal 和 McConnell（2000）指出创新型企业的典型特点是：更高的投资机会和成长性，更严重的信息不对称，企业资产中更高比例的无形资产，以及管理层的自主权所带来的委托代理问题。同时，管理层在研发密集的企业中有更高的自主权，这是因为制定有关科技创新的投资决策需要更强的专业性。

企业科技创新的另一典型特征是其普遍受到较为严重的外部融资约束。国外学者中 Nelson（1959）和 Arrow（1962）最早解释了企业创新融资难的原因：创新投资主要的产出是生产新产品的知识和技术。然而知识具有非排他性，也就导致创新投资的收益不能完全被投资主体所独占。因此，外部投资人并不愿意进行创新项目的投资。即便通过知识产权保护等方法使收益完全归属于投资企业，创新活动的外部融资仍然十分艰难，并且昂贵。信息不对称是造成创新活动内外部融资成本差异的主要原因。Hall（2002）认为创新活动的典型特点之一即为内外部融资成本相差悬殊。外部投资人由于支持创新投资的意愿较低，通常会索要比内部融资高出很多的投资回报率。除非科技创新企业足够“富裕”，否则难以承担如此高的外部融资成本。Leland 和 Pyle（2012）指出，在创新投资中，内部人与潜在投资者相比，对投资项目的自然属性与成功可能性有更多了解。创新投资活动中的柠檬溢价与一般投资相比要更高，因为当投资项目是长期的创新投资时，投资人更加难以辨别好的投资项目与差的投资项目。然而，通过信息披露降低信息不对称的作用十分有限。企业并不愿意向市场公开一些关键信息，因为一旦被竞争对手获知将带来潜在的巨大成本。基于此，与一般投资项目相比，企业创新投资由于受到更为严重的融资约束，而更加依赖于内部资金（Himmelberg 和 Petersen，1994）。

国内学者中，王红领（2007）针对我国上市公司数据的研究发现，由于企业和外部投资者之间的信息不对称，出于对自身利益的保护，外部投资者会在筹资契约中增加有关企业经营风险的限制性条款，这对风险大、回报率不确定的创新投资有着直接的冲击。这些限制性条款对企业创新投资活动的制约，极有可能造成一些前景十分看好的创新项目因这些限制措施而不能实施，不利于企业长远发展。刘胜强（2015）指出创新投资不仅具有投资金额大、周期长、变现慢等特点，同时还是一项高风险性投资。创新活动的产出多为无形资产，无法像实物资产一样通过抵押获取银行贷款。科技创新过程又涉及较多商业机密，进一步加剧了其信息不对称程度，导致其受到由外部资本市场不健全所引起的融资约束的影响。刘万丽（2018）以 2009—2016 年湖北 A 股上市公司为样本，检验发现信息不对称使得企业在创新投资中面对更多融资摩擦，导致企业投资不足，制约企业创新能力的提升。

由于企业创新行为的典型特征以及普遍受到的外部融资约束，确保创新资金来源的稳定以保障创新投资的平滑，就成了企业创新决策中需要考虑的一个重要方面（Shin 和 Kim，2011）。而充足的现金持有水平，一直被认为是企业创新的重要保障。Himmelberg 和 Petersen（1994）在针对美国高新技术行业 179 家小型企业的研究中发现，由于受到外部融资约束，内部资金是 R&D 投资决策的重要决定因素。Opler（1999）研究了 1971—1994 年美国上市公司的现金持有行为，发现现金持有量随着企业 R&D 投资强度增加而有所提高，易于从资本市场融资的企业则呈现相对较低的现金持有水平。Hall（2002）认为与一般投资相比，信息不对称与委托代理问题导致创新活动的外部融资成本更高。缺乏抵押担保品降低了企业获得债务融资的可能性。因此，留存收益在企业创新活动中发挥着重要作用。Schroth 和 Szalay（2010）认为技术创新的首要任务是储备现金。出于预防动机，企业为保障研发活动的顺利进行和可持续发展而预留现金，创新投入越多的企业会在期末保留更多现金。Wang（2012）的研究结果表明与一般的资本支出相比，创新投资更易于遭受融资约束，外部融资更具有挑战性。而受到融资约束的企业，有更强烈的储存现金的动机。

2.1.2　关于企业创新的融资决策问题研究

由于企业创新行为具有周期长、风险大、成本高、信息不对称等典型特征，其在争取外部融资时困难重重，普遍受到较为严重的外部融资约束。同时为了避免高昂的调整成本，企业创新需要首先保障创新资金来源的稳定性与持续性。因此，通过现金持有决策保证创新行为的内部融资来源就成为企业融资决策的重要内容。

现金持有是企业财务决策的重要组成部分，在探讨企业现金持有决策的影响因素时，少有文献将企业创新行为考虑在内。当前有关企业创新行为影响现金持有决策的研究发现相当匮乏，主要集中于国外学者，并且聚焦于创新行为中的创新投资对现金持有决策的影响。Hall（1992）发现了企业研发投资与内部现金流的正相关性。Opler 等（1999）研究美国上市公司的现金持有时发现，研发密集型企业持有现金较多。He（2016）通过分析 1980—2012 年美国工业企业相关数据发现，研发投资的增加可以解释美国企业近 30 年来现金持有水平的持续上升。正是由于高水平的现金持有，美国总体 R&D 投资即便在遭受金融危机时依然保持了平滑与持续的增长。Bates（2010）指出研发支出的增加是导致美国工业企业近年来现金持有量剧增的原因之一。Brown（2011）认为研发密集型企业为了应对融资约束的不利影响，会出于预防动机而增加其现金持有，以及时满足企业创新的资金需求。然而，尚未有国内学者以我国上市企业数据为样本，检验企业整体的创新行为对现金持有决策的影响，以及具体的影响渠道和决策动机。

首先，基于企业创新投资需要的现金持有决策，有两种理论为此提供了主要解释。

一是现金持有的预防性动机。凯恩斯的货币需求理论认为，人们持有货币是出于交易动机、预防动机以及投机动机。早在 1936 年，凯恩斯就提出企业出于预防性动机而持有现金，以应对未来的不确定性。Park（2017）研究发现当企业自身或所面临的外部环境的不确定性加大时，企业会出于预防性动机选择多持有现金。Phan（2019）研究认为，当政府经济政策具有较大的不确定性时，企业出于预防动机会选择减少投资，转而持有更多现金。万良勇和饶静（2013）检验证实金融危机时期，企业保守型的高额现金持有策略能够减少金融危机带来的负面冲击，并且这种作用在不确定性更高的行业中表现得更为显著。楚有为（2019）研究发现战略激进的公司出于预防性动机而持有大量现金。创新行为的高风险性增加了企业层面的不确定性。企业发生流动性短缺的概率加大，增大了企业面临的破产威胁，企业在预防性动机的驱使下选择增加现金持有。企业为创新行为储存更多现金一方面可以避免外部融资约束所带来的高昂融资成本，保证创新项目充足稳定的资金来源；另一方面可以提供一个重要缓冲，保障企业财务安全，防止外部冲击导致企业因流动性不足而陷入破产危机。Schroth 和 Szalay（2010）认为技术创新的首要任务是储备现金。出于预防动机，企业为保障研发活动的顺利进行和可持续发展而预留现金，创新投入越多的企业会在期末保留更多现金。

二是财务柔性（Financial Flexibility）理论。Graham 和 Harvey（2001）指出企业经营者在决定融资策略时，考虑最多的是财务柔性和信贷评级。在高度不确定性的环境中，企业保持高水平的现金持有能够更好地适应环境的变化，保持企业财务柔性，有利于企业价值的提升。顾乃康等（2011）指出财务柔性是企业动用所持有的现金以及所保留的融资能力去抓住未来可能的投资机会或应对未来不确定事件的能力。根据财务柔性理论，面对更大不确定性的企业倾向于多持有现金以维持财务柔性，避免风险的发生使企业陷入财务危机。而创新行为具有周期长、风险大、产出不确定的天然属性。为了应对创新行为的高风险性，企业有动机通过增加现金持有以维持财务柔性，避免创新失败给企业的财务状况带来巨大冲击，提升企业应对创新风险的能力。当企业获得较大的财务柔性时，即使创新失败，充足的现金持有也能够帮助企业抵御投资失败的资金冲击。Bates（2009）发现现金比率大幅提高的现象集中于现金流风险更大的企业，而有研发支出企业的现金流风险显著高于无研发支出的企业。Comin 和 Philippon（2006）也发现创新投资大幅增加的行业，其波动性也显著增加。这些发现意味着企业的创新行为具有高风险性，企业为了应对风险而提高其现金持有水平。因此根据财务柔性理论，创新行为的高风险性使企业具有更强烈的储存现金的动机，通过增加现金持有以维持财务柔性，积极应对创新风险。

其次，企业创新投入融资方式的选择受到多种因素的影响。在创新行为影响企业融资策略的研究发现中，胡海青等（2015）指出科技型中小企业由于更高的资金需求与更低的投资回报，难以获得 R&D 融资，普遍受到信贷约束。由于融资成本差异，规模较小的科技型中小企业在资金不足的情况下更多使用商业信用进行融资。商业信用这种低成本的融资方式可以直接增加企业经营活动现金流，而科技型中小企业主要依赖内部资金支持投资活动。企业利用商业信用融资补充了流动性资金，提高了企业的现金持有水平。孙婷婷和陈丁（2014）以欧洲中小企业为研究对象，考察发现企业创新对商业信用的使用具有显著的正向影响。创新型中小企业使用商业信用的概率显著高于其他企业。融资约束与企业对于商业信用的需求正相关，而创新型中小企业与其他企业相比更易于受到融资约束。Beck（2011）指出供应商愿意向创新型企业提供商业信用的原因在于，供应商与银行相比能够掌握更多有关企业经营与财务状况方面的信息，进一步通过对企业创新能力的评估还可以更为合理地预测企业未来的发展潜力。王竹泉和孙兰兰（2016）研究发现行业竞争激烈、议价能力较弱的企业倾向于向客户提供更多的商业信用。而企业创新与商业信用供给在提升企业竞争地位方面存在替代效应。魏群和靳曙畅（2018）研究发现当企业受到信贷约束时，向供应商寻求商业信用可作为一种替代性的融资方式。商业信用对创新融资约束的缓解作用在货币紧缩期表现得更为显著。姚星等（2019）认为商业信用可以使企业延期支付货款，从而达到放松融资约束的效果。企业可将这部分资金用于购买设备与原材料，改进研发技术等，从而促进企业科技创新。张杰等（2012）研究发现企业创新投入的融资来源主要有自身现金流、注册资本的增加以及商业信用。银行贷款并不是主要的融资渠道，多数情况下对企业创新投入具有显著的消极影响。汪晓春（2002）利用双寡头垄断市场模型验证了高杠杆企业在作出创新投资决策时更加谨慎，从而导致其在产品差异化竞争中处于劣势。唐清泉和徐欣（2010）研究发现企业创新投资由于其特殊性质难以获得债务融资，更多依赖企业内部资金。债权人厌恶风险的特性与创新行为高风险特征之间的矛盾，导致企业创新投资与债务融资之间往往存在负相关关系（吴凡等，2019）。王任飞等（2014）检验发现实施创新战略的企业偏好采用低杠杆的融资结构。Hsu（2011）指出创新行为两方面的典型特征不利于其获取债务融资。一方面，企业创新是一种高风险性行为，具有高度的不确定性，很难获得债务融资支持；另一方面，企业创新主要形成的是无形资产，而债权人通常选择实物资产充当抵押担保品。同时，债务资本定期还本付息的压力也为企业创新的现金流提出了更高的要求。因此，一般情况下企业创新不能也不愿意依赖债务融资。Shi（2013）认为创新投资会增加企业债券风险，并且高比例的无形资产无法充当有效的抵押担保品，导致更高的风险溢价。同时，更为严重的信息不对称促使外部投资者要求更高的“柠檬溢价”，推高了股权融资成本。外部融资约束使得内部资金成为企业创新投资的主要来源。

最后，在有关创新行为影响企业现金股利政策的研究发现中，侯广辉和张如松（2017）指出由于创新投资行为需要大量现金，因此企业创新与现金流密切相关。当外部融资约束制约企业创新投资时，较低的股利支付率能够使企业留存充足的现金，从而依赖内部资金进行创新投资。胡曲应（2017）认为股利政策与企业创新分别代表股东的短期利益与长远利益。现金股利的支付虽然能够通过减少自由现金流抑制代理问题，但是也会限制企业的创新投入，不利于企业创新。方芳（2016）以创新型企业为研究对象，检验发现每股股利与创新型企业价值显著负相关，说明现金分红抑制了创新型企业价值的提高。钟勇等（2013）认为融资约束与现金股利政策之间存在负相关关系，受到融资约束的企业有更低的股利支付意愿与股利支付水平。而创新型企业由于其天然属性普遍受到更为严重的融资约束。谢军（2006）研究发现成长性较好的企业具有更低的股利支付水平，这也暗含着企业有动机通过减少股利支付以保持充足的现金持有满足企业创新投资的资金需求，保持企业较好的成长性。

2.2　关于企业财务决策和现金持有问题的研究

2.2.1　企业财务决策的影响因素

财务决策在企业经营管理中占据重要地位。企业财务决策主要包括投资决策、融资决策与股利分配决策。

影响企业投资决策的因素主要包括企业规模、融资约束、两类代理冲突、企业治理结构等。由于本书主要研究企业创新行为，因此我们侧重于分析企业创新投资的影响因素。首先，企业规模会显著影响其创新投资决策，但具体的影响方向如何目前尚未得到一致结论。Booyens（2011）认为与小规模企业相比，大规模企业占据更多的创新资源，具备更强的实力开展创新活动，因此企业规模与创新投资显著正相关。Ren（2015）则指出小规模企业由于面临更大的生存压力，具备更强烈的创新动力，因此中小型企业的研发投资强度更大。国内学者温军等（2011）、董晓庆等（2013）也检验发现企业规模与创新投资之间呈负相关关系。另外一些学者则研究发现企业规模与创新投资之间是非线性关系。Soete（1979）检验发现美国企业规模与创新投资强度之间的关系是倒“U”形。李经路等（2017）以我国创业板上市公司为研究对象检验发现企业规模与创新投资之间呈现“U”形关系。其次，企业创新投资普遍受到外部融资约束的影响。已有一系列的研究证实融资约束制约了我国企业的创新投资水平。唐清泉等（2009）考察了企业创新投资与内部现金的关系，发现企业创新投资因其自身特点造成与外界更高程度的信息不对称，进而主要依靠企业内部现金进行支持。张杰等（2012）指出，融资约束普遍抑制了我国企业的创新投资，并且与国有企业相比，这种抑制作用在民营企业中表现得更为显著。卢馨（2013）研究发现我国高新技术上市公司具有显著的融资约束问题。非国有控股公司和小规模公司这类天生融资困难型企业面临更严重的融资约束困扰。由于存在融资约束，高新技术上市公司对内部现金流更为依赖。袁东任和汪炜（2015）发现由于具有风险大、周期长和调整成本高等特性，相比于其他投资项目，创新投资更易受到外部融资约束的制约，因此在资金来源上更加倚重内部资金，更需要通过现金持有提供资金支持。再次，两类代理问题也会对企业创新投资水平造成影响。Jensen和Mecking（1976）指出在分散式的股权结构下，中小股东“搭便车”的现象比较严重，导致对管理者的监督与约束力度有限。管理权与所有权的分离促使管理者与公司股东具有各自的利益目标，管理者有动机以牺牲股东利益为代价谋求个人私利，从而产生委托代理问题。Hall（2002）的研究指出，委托代理问题的表现之一是管理者耗费公司资源追逐个人私利，表现之二是风险厌恶的管理者不愿意进行不确定性更高的创新投资。与股东相比，管理者对风险的厌恶程度更高，在作投资选择时，倾向于回避有可能为企业带来风险的创新投资。因此，当代理问题严重时，管理者会减少高风险性的投资决策（例如创新投资），支持低风险的投资方式；或者为追逐短期经济利益而挤占与挪用创新投资资金（O'Connor 和 Rafferty, 2012）。顾群和翟淑萍（2012）以 2006—2010 年沪深 A 股高新技术企业为研究样本检验发现，第一类代理问题会导致企业非效率投资行为，从而降低企业创新效率。Wright 等（1996）认为，由于与股东不同的效用曲线，管理者出于追逐个人私利，巩固职位安全，维护职业声望的动机，降低了企业创新投资的水平。Bushee（2000）从短视论的角度出发，认为企业管理者出于个人私利的考虑，会优先选择能够在短时间内创造经济效益的项目，减少或挤占用于企业创新的资金。在有关第二类代理问题影响企业创新投资的研究发现中，Brav 等（2014）指出，若公司治理机制不能有效约束控股股东的行为，那么控股股东为了追逐个人私利，将会选择侵占或挪用企业现金资产，从而对企业创新投资造成不利影响。Zhang（2013）也在研究中指出公司留存的现金资产为控股股东追逐个人私利，侵占公司资源提供了便利条件。控股股东的隧道行为减少了上市公司用于创新活动的现金流，降低了公司对科技创新的资金支持力度。Gugler 等（2003）以 1991—1999 年的奥地利企业数据为样本，检验发现在第二类代理问题突出的企业中，存在着明显的创新投资被削减与挤占现象。国内学者郝颖和刘星（2009）以 2001—2006 年在沪、深两市 A 股市场发生了非流通股交易的上市公司作为研究对象，通过研究不同资本投向对控制权利益攫取的影响发现：固定资产投资、无形资产投资与股权投资对控制权收益具有显著的聚集效应；创新投资则抑制了控制权收益的攫取。以实现控制权收益最大化为基本原则的控股股东，倾向于削减创新投资，或用短期项目投资挤占创新投资。上市公司控制权收益攫取程度越高，其他资本投向对创新投资的挤占作用越明显。陈志军等（2016）以 2008—2013 年上交所和深交所制造业上市公司为样本研究发现，在第二类代理问题突出的企业，由于现金资产被侵占或挪用，企业的创新投资水平较低。最后，企业治理结构也会显著影响其创新投资水平。Tylecote（2007）指出内部治理环境中，特定的公司治理特征能够直接影响企业在创新活动以及技术革新方面的财务决策。Driver（2012）研究发现股权结构是影响企业治理效率的重要方面。更有效率的公司治理能够平滑企业创新投资的供给曲线，提高企业创新绩效。Miller 和 Wiseman（2002）的研究表明管理层持股可以通过一致化管理层与股东的利益，使高管与股东对待风险的态度趋同，从而有利于增加企业科技创新投入。Jing 和 Gou（2010）选择中国 2005—2007 年 142 家上市公司为样本，检验发现股权激励能够显著提高公司的科技创新投入水平。Laeven 和 Levine（2004）研究发现股权制衡能够降低股权集中对科技创新的不利影响。国内学者张业韬等（2012）通过分析创业板上市公司高管持股与创新投入的关系发现，高管持股与企业 R&D 支出显著正相关，表明管理层持股能够提高企业科技创新投入水平。杨建军和盛锁（2007）检验发现，股权集中度与技术创新投入呈负相关关系。并且技术创新风险越大，股权集中度对创新投入的负面影响越显著。杨风和李卿云（2016）以深交所 2009—2014 年创业板上市公司为研究样本，检验了股权集中度与研发投资之间的关系。他们发现第一大股东持股比例的增加会带来企业研发投资水平的下降，证明了股权集中度与研发投资之间的负相关关系。娜仁和曹凤娟（2017）利用我国 A 股制造业上市公司 2010—2014 年的数据，进行实证检验发现股权制衡水平的提高，将有效制约大股东侵占上市公司资金的行为，从而使公司现金流显著增加，缓解了企业创新投资所遭遇的融资约束问题。张玉娟和汤湘希（2018）选取 2010—2015 年 A 股上市公司为样本检验发现，股权制衡对企业创新行为具有显著的促进作用，并且在国有企业中表现得更为突出。

有一系列理论围绕企业融资决策的影响因素相继发展起来。Modigliani 和 Miller（1958）提出的“MM 定理”指出，资本结构与企业价值无关。根据 MM 定理，企业的资本结构将呈现出随机分布，这明显与现实不符。这是因为 MM 定理的成立需要满足一系列严苛的假设条件，不考虑税收、交易成本、代理成本以及风险等客观因素，从而导致其在实践中屡次遭受挑战，现实中的管理者制定企业融资决策时会受到多种因素的影响。在MM定理基础上发展起来的权衡理论认为企业最优资本结构决定于债务融资的边际税盾效应与边际成本的均衡点，企业融资决策是一个向最优资本结构逐渐靠近的行为过程。Myers和Majhif（1984）提出的融资优序理论认为由于信息不对称的存在，企业外部融资成本高于内部融资。因此，理性企业在融资决策时会优先考虑内源融资，然后是具有税盾效应的债务融资，最后才是外部股权融资。

企业融资决策的影响因素可初步划分为内部因素与外部因素。其中，内部因素主要包括企业规模、盈利能力、流动性、成长性、治理结构等。外部因素主要指市场与制度环境。首先，在影响企业融资决策的内部因素中，已有研究发现大规模企业与中小规模企业相比更为投资者所熟知，信息披露更加规范、完整与充分，信息不对称程度较低，企业能够以更低成本通过资本市场筹措资金，并且承担较低的资金风险。因此，大规模企业具有更大可能性利用外源融资，而对内部资金的依赖性降低。屈志宏（2012）研究发现企业规模会显著提高企业资产负债率。其次，盈利能力影响企业融资决策的原因在于其直接关系企业现阶段的经营成果，从而影响企业未来的现金流状况，进而影响企业的融资决策。根据融资优序理论，盈利能力强的企业能够创造出更多内部资金，从而满足企业内源融资优先的融资偏好。葛永波（2012）研究发现企业盈利能力与内源融资发生概率显著正相关，而与外源融资发生概率负相关。Drobetz（2013）检验证实企业盈利能力与资产负债率显著负相关。再次，流动性与成长性的高低也会影响企业融资决策。企业流动性多用流动资产占总资产的比例衡量。流动性充足的企业为内源融资创造了更大的资金空间，降低了企业对外部资金的依赖性。同时根据权衡理论，充足的流动性降低了企业的破产风险，使债务融资具有更低的边际成本，与股权融资相比更具优势。现有研究大多采用营业收入增长率或总资产增长率度量企业成长性。成长性高的企业一般位于创业阶段或者发展初期，此时企业尚未被市场广泛接受，信息不对称程度更高，内外部融资成本相差悬殊。因此根据融资优序理论，企业在制定融资决策时偏好使用内部资金。最后，在内部影响因素中，还有一些学者关注了企业治理结构对融资决策的影响。姚立秋等（2010）检验证实企业监事会规模的增加显著降低了银行借款成本，而股权集中度的提高则显著增加了企业的银行借款成本。Andrei 和 Petre（2011）认为公司治理和融资决策是相互影响的，更有效的公司治理机制通过提供一个科学严谨的契约框架，能够帮助企业以更低成本吸引外部资金，从而降低了对内部资金的依赖。在有关外部市场与制度环境影响企业融资决策的研究发现中，谢海娟等（2016）指出由于我国资本市场发展的不健全，企业融资动机以“圈钱”为主，出现内源融资优先于股权融资、股权融资优先于债务融资的融资次序，这明显有悖于经典的融资优序理论。李延喜和张敏（2013）从地区差异的视角探讨了制度环境对企业融资决策的影响。他们研究发现上市企业所处的地区制度环境越好，越偏好于内源融资，选择内源融资的可能性就越大。在制度环境更好的东部地区，上市企业的融资顺序符合融资优序理论。而处于中西部地区的上市企业融资时却首选短期借款，然后是债务融资。

企业财务决策中的股利分配决策主要由两方面组成：现金股利支付意愿与现金股利支付水平。因此，探讨企业股利分配的影响因素时需要同时兼顾这两方面，主要包括企业盈利能力、风险与不确定性、两类代理成本与企业控制权结构，以及外部环境中的法律制度与税收制度等。首先，企业盈利能力会显著影响其现金股利政策。Lintner（1956）在研究中提出盈利水平是决定企业股利政策的重要因素。Fama 和 French（2001）认为企业股利政策受到盈利能力、投资机会以及企业规模的影响。Aviazian（2003）研究发现企业净资产回报率会显著地正向影响现金股利支付水平。龚春霞等（2005）检验证实企业盈利能力的差异是影响其现金股利政策的重要因素，盈利能力越高的企业越愿意发放高额的现金股利。其次，企业所面临的风险与不确定性也会显著影响其现金股利政策。在有关风险与不确定性影响企业现金股利政策的研究发现中，较为一致的结论是风险与不确定性的增加会显著降低企业的现金股利支付意愿与支付水平。Bacon 和 Kania（2005）研究发现企业风险的增加会显著降低股利支付水平。王筱淑（2013）指出经营风险较大的企业倾向于保留更多盈余以应对未来的不确定性，因此会显著减少现金股利的支付。常利民等（2018）研究发现经济政策的不确定性对企业现金股利支付意愿与支付水平具有显著的负向影响。周钰颖（2019）以创业板上市公司为研究对象检验发现，企业财务风险会显著降低其现金股利政策的稳定性。再次，两类代理成本与企业控制权结构也是影响现金股利政策的重要因素。在关于代理成本与控制权结构影响企业现金股利政策的研究发现中，张敦立等（2014）根据“自由现金流”理论（Jensen，1999）认为若企业存在大量自由现金流，管理层在信息不对称以及与股东利益目标不一致的前提下，倾向于不发放或少发放现金股利，保留现金资源用于在职消费、过度投资、低效并购等，以实现自身利益。王茂林等（2014）指出企业发放现金股利会减少可供管理层利用的自由现金流，因此管理层倾向于减少现金股利的支付，以便利用更多的现金资源实现个人私利。管理层持股能够在一定程度上缓解代理问题，正向影响企业的现金股利支付意愿。刘孟晖（2011）发现当企业因控制性大股东缺位而由经理人控制时，企业的现金股利支付倾向与股利支付水平显著偏低。张海燕等（2018）研究发现第一大股东持股比例能够显著削弱管理层权利对现金股利政策的负向影响，表明大股东会利用现金股利的支付减少管理层的代理成本。陆正飞等（2010）研究发现控股股东具有利用现金股利的支付转移企业资源的动机，具体表现为控股股东的持股比例与企业采取“激进型股利政策”的可能性显著正相关。相关研究将企业现金股利支付金额超过同期净利润的股利政策定义为“激进型股利政策”。也有研究指出控股股东会减少现金股利的支付以为关联交易储存更多的现金资源，从而为“掏空”行为做准备（王化成等，2007）。罗琦等（2016）则研究发现控股股东持股比例与企业现金股利支付水平之间存在非线性关系。当控股股东持股比例较低时，控股股东侵占中小股东利益的动机发挥主要作用，控股股东倾向于增加现金股利的支付以转移公司资源，此时控股股东持股比例与企业股利支付水平呈现显著正相关；反之，当控股股东持股比例较高时，控股股东与中小股东的利益协同性增强，此时持股比例的增加会反向影响企业现金股利支付水平。最后，外部环境中的法律法规与税收制度也会影响企业的现金股利政策。证监会于2008年10月7日出台的半强制分红政策，使股利支付成为再融资的前提。魏志华等（2014）研究发现半强制分红政策的出台，促使上市企业为了获得再融资资格而选择迎合政策进行分红。在这一政策的影响下，不仅具有高派现能力的企业选择支付现金股利，那些具有较低支付能力、较高成长性的企业也会选择发放现金股利。因此，半强制分红政策的实施显著提高了具有再融资需求的上市企业的平均股利支付倾向与支付水平。Li等（2017）研究发现我国2012年实施差别化股利个人所得税之后，股东持股期限较长的上市企业由于所得税税率的降低倾向于增加现金股利的支付，而股东持股期限较短的上市企业则由于所得税税率的提高倾向于减少现金股利的支付。然而这一现象受到上市企业第二类代理问题（控股股东与中小股东之间代理问题）强弱的影响，在代理问题弱的上市企业中表现得更为明显。

另外，根据“高层梯队理论”（Hambrick和Mason，1984），管理者的性别、年龄、学历、专业背景等个人特征会影响他们的管理方式，进而对企业的战略决策和财务决策等方面产生不同的影响。当前关于管理者特征影响企业财务决策的研究发现，主要集中于管理者性别、年龄、学历等对企业投、融资决策与股利分配决策的影响。Faccio（2011）指出女性CEO厌恶风险的特征会使她们放弃一些净现值为正的投资项目，而过度自信会使男性CEO高估自己的预测能力，由于对风险和收益的估计偏差而出现过度投资。Coleman和Robb（2009）发现在融资方式的选择上，女性高管更加依赖内部融资，而非外部债务或股权融资。Alm和Winberg（2016）研究证实男性高管由于存在过度自信问题，在选择融资方式时更偏好采用外部融资，并且在期限结构的选择上以短期债务融资为主。Wang（2015）通过倾向得分匹配研究发现女性CEO降低了上市公司支付现金股利的意愿。然而另外一些观点认为女性CEO由于厌恶风险的程度更高，倾向于作出更加有利于股东的决策，即增加现金股利支付。在管理者年龄影响企业财务决策的研究发现中，姜付秀等（2009）检验发现高管团队的平均年龄对企业投资水平具有显著的负向影响，年轻高管更容易出现过度投资问题。饶育蕾（2012）发现在年长管理者领导下的企业研发投资强度显著低于年轻管理者。黄连琴和陈文静（2012）研究发现由年轻管理者领导的国有上市公司在融资决策中更加偏好债务融资。国外学者较为一致地认为管理者年龄与企业现金股利支付水平正相关。原因是年轻的管理者对自身能力有更大自信，他们倾向于通过减少股利支付以为收益率更大的投资项目储存更多现金。而年长的管理者偏好于发放更多现金股利以迎合股东，维护自己在企业中的管理地位。在管理者学历影响企业财务决策的相关研究中，Jensen（2010）发现学历更高的管理者由于具备更丰富的知识储备和投资技巧，更倾向于选择多元化的投资战略。董静和孟德敏（2016）研究发现高管的学历水平越高，越能以开放的心态接受外部支持，因此有更大的可能性在企业发展初期引入风险投资。曹玉贵等（2014）研究发现高管学术经历能够显著正向影响企业债务融资比例。周楷唐等（2017）认为拥有学术经历的高管在制定决策时会更加谨慎和保守，能够通过降低企业信息风险和债务代理风险来显著降低企业债务融资成本。Baker（2010）发现董事会平均学历水平与企业现金股利支付水平显著正相关。Pornist（2011）也检验证实学历高的高管能够通过减少代理问题，增加企业现金股利的支付，从而使股东的利益得到保障。刘静和杨中军（2016）则认为高管的学历水平越高，对自身决策能力越自信，越容易发生过度投资行为，从而显著减少企业现金股利的支付。

2.2.2 企业现金持有的理论基础与影响因素

现金是最具流动性的资产，是维持企业正常生产与经营的“血液”。凯恩斯于1936年提出的货币需求理论认为：交易、预防和投机动机是企业持有现金最主要的三个原因。交易动机是企业为了满足日常支付需求而持有现金。由于现金流入与流出的不同步，企业必须持有一定数量的现金以满足支付需要，保证企业生产经营活动的顺利开展。预防动机是企业为了应对未知的财务危机而持有现金。企业无法准确预测未来情况，一旦意外发生，有可能造成企业现金流的剧烈波动。此时在正常现金需求量的基础上多储备一定数量的现金能够帮助企业有效应对意外事件，避免企业陷入财务危机。出于预防性动机持有的现金可以使企业节约高昂的外部融资成本，有利于企业价值的提升。投机动机则是企业为了避免错失投资机会而持有现金。充足的现金持有可以使企业抓住转瞬即逝的投资机会，获取可观的投资收益。

根据现金持有的预防性动机，企业由于未来现金流的不确定性以及发生财务危机的可能性而持有现金。换言之，企业持有现金是为了防止意外事件的发生造成企业现金流短缺，而使企业陷入财务困境。在这种动机的驱使下，企业会在正常现金流需求的基础上，多持有一部分现金以防止现金流的剧烈波动威胁企业正常的生产与经营（Mikkelson 和 Partch，2003）。企业通过持有现金以应对外来冲击的不确定性。现金流波动越大的企业，具有越强烈的储存现金的动机。Opler 等（1999）研究发现企业主要出于预防性动机而增加其现金持有，并且在融资约束强、现金流波动剧烈，以及投资机会更多的企业中表现得更为显著。Bates 等（2009）以 1980—2006 年美国上市企业数据为样本检验发现，造成美国企业现金持有量增加的重要原因是激烈的产品市场竞争所带来的不确定性。以企业创新行为为例，受到外部经济形势、行业竞争，以及技术发展的影响，加之创新行为本身的高风险性，企业管理层难以对投资项目的价值、后果与未来现金流做出准确预期。一旦创新失败，剧烈的现金流波动有可能导致企业陷入资金短缺、濒临破产的财务困境。管理层为了避免这一状况的发生，倾向于增加企业的现金持有以预防未来现金流有可能出现的大幅度波动。

之后学者关于现金持有动机与影响因素的研究从更多层面展开，认为交易成本、信息不对称以及两类代理问题的存在破坏了完美无摩擦的资本市场假设。证券的发行存在交易费用与发行成本，企业不能零成本地从外部市场筹集资金。权衡理论、融资优序理论和代理理论都对企业选择持有现金的动机与影响因素作出了解释。前两种理论主要关注外部融资约束对企业现金持有水平的影响，而代理理论则主要关注代理问题对企业现金持有的影响。

Robichek（1966）、Karus 和 Litzenberger（1973）、Rubinmstein（1973）等提出并发展了权衡理论模型。权衡理论认为企业现金持有的原因在于：

企业的现金流入与现金流出在时间上和数量上并不是完全匹配的，它们无法保证同步，导致企业现金流入与现金流出之间总是存在一定的缺口。为了弥补这个缺口，满足企业日常交易活动对现金的需求，企业需要持有一定数量的现金资产，以避免因为现金短缺而产生的成本与损失。然而，相比于其他资产类型，现金资产的预期收益率较低。持有现金资产导致企业无法投资其他收益率更高的资产，因此存在机会成本。并且企业持有大量现金资产还会带来管理成本。因此，现金储备的多少是企业通过权衡增加现金持有的收益与成本来决定的。其中，现金持有为企业带来的收益主要包括：第一，纾解企业所面临的财务困境，降低破产风险。例如 Palazzo 等（2012）研究发现管理者为了预防未来现金流的下降而提前储存现金，从而避免企业陷入经济危机。第二，当遭受融资约束时，确保企业能够把握投资机会获得投资收益。正如 Denis 和 Sibilkov（2010）研究发现，现金持有对于那些有更多成长机会的融资约束型企业更有价值。第三，内、外部融资成本相差悬殊时，降低企业融资成本，及时满足企业资金需求。Huang 等（2017）发现充足的现金持有提高了本公司股票的交易量，降低了外部投资人要求的流动性溢价，从而帮助企业节约了外部融资成本，并且在融资约束型企业中表现更显著。第四，当公司的某些业务临时需要资金时，及时补充流动性。对于融资约束型企业而言，外部融资成本显著高于内部融资，这种内、外部融资成本的差异就是企业现金持有的收益，鼓励了企业在账面资产中预留更多现金。

融资优序理论由美国学者 Myers 和 Majluf（1981）提出。这个理论的基本思想是：企业现金持有的一个主要原因在于当一个好的投资机会出现时，充足的现金持有能够使企业及时把握投资机会，第一时间投资于那些能够为企业创造价值的投资项目。然而，现金持有在企业中的重要性受到外部市场融资难易程度的影响。如果企业本身不属于融资约束型企业，不存在外部融资困难，能够在外部市场中以较低成本及时获取所需资金，就没有太大必要为把握未来投资机会而积累现金资产，因为企业可随时根据需要以较低成本筹措资金。反之，若企业存在外部融资约束，可选择的融资渠道有限，现金持有就成为企业重要的资金来源。因此，对于受到融资约束的企业而言，投资决策会主要依赖于企业内部资金。当企业需要筹措资金时，企业内部的现金积累是首要选择；进行外部融资时，由于利息费用在税前扣除，因此有避税效果的债务融资优先于股权融资。根据三种筹资方式下资金使用成本的不同，形成了内源融资优于债务融资优于股权融资的融资优序理论。

Meckling 和 Jensen（1976）提出的代理理论认为，现金是管理层攫取私利的工具，是最易于被侵占的企业资产。出于利益最大化的考虑，管理层企图以牺牲股东利益为代价满足私利，从而倾向于增加企业的现金持有；而股东则期望将现金投资于净现值大于零的项目，提高投资收益率。这样就产生了管理层与股东之间的利益冲突，即委托代理问题。管理层代理问题是影响企业现金持有水平的重要因素，由管理层私利动机而导致的超额现金持有并不能增加企业价值，反而对企业业绩有负向影响。杨兴全等（2014）运用 2006—2010 年我国上市公司数据，探讨了管理层权力对公司现金持有水平的影响。研究发现，管理层权力与上市公司的现金持有水平显著正相关。但在管理层权力下所形成的高水平现金持有却对公司价值产生了负面效应。

在委托代理理论基础上提出的自由现金流假说认为，管理层为了追逐个人私利而持有现金。作为最易被侵占的公司资源，当企业现金流充足时，管理层有条件通过高额薪酬和在职消费实现自身利益最大化。因此，企业内部的自由现金流是管理层追求个人利益的源泉，是引发代理问题的关键（Jensen，1999）。根据这一假说，管理层倾向于在企业内部积累大量现金，具体出于三个动机：第一，便于管理层利用这部分自由现金流增加自己的津贴与财务补贴收入，扩大在职消费以及其他控制权私人收益；第二，在面临经营危机时，持有大量现金可以帮助企业及时补充流动性，避免企业陷入流动性不足甚至被迫破产的局面，降低企业运营风险，维持管理层自身职位的稳固；第三，管理层为了构建自己的企业帝国，倾向于将企业大量的现金进行投资，甚至盲目地投资于一些净现值为负的项目，以达到扩大企业规模的目的。这主要是为了获得更多私人收益，却与企业价值最大化的目标相矛盾。综合以上分析，自由现金流可以增加管理层的

“控制权收益”。出于自利目的，管理层倾向于通过影响现金持有决策，使企业持有更多现金以满足个人私利。因此，自由现金流假说概括了第一类代理问题在企业现金持有等财务决策方面的表现。郑志丹和张宗益（2012）的研究证明规模较大、存在较多自由现金流的公司往往内部代理问题更严重。张芳芳（2013）的研究表明公司持有超额现金增加了高管追逐个人私利而滥用现金的机会。杨兴全等（2014）认为在分散化的股权结构下，小股东“搭便车”的行为导致无法对管理层进行有效监督，管理层在现金持有等财务决策方面具有绝对影响力。管理层权力显著提高了上市公司的现金持有水平。

关于企业现金持有决策的影响因素，当前文献主要关注了三个层面：企业特征层面、公司治理层面、外部环境层面。在企业特征层面，Opler等（1999）检验发现企业现金流与现金持有水平显著正相关，而杠杆率、股利支付水平、融资约束则与企业现金持有水平显著负相关；Teruel和Solano（2004）得到了基本一致的结论，并进一步研究发现企业现金持有水平与短期债务比率显著正相关，而与长期债务比率显著负相关；胡国柳和蒋永明（2005）发现企业规模与现金持有水平显著正相关，资产负债率、企业年龄则与现金持有水平显著负相关；彭桃英和周伟（2006）则研究发现现金持有水平与企业规模、盈利能力和成长性显著正相关。Bates（2009）认为高额持现因为能在不影响企业业绩的前提下支持企业增长，而成为高成长性企业的最优财务选择。企业现金持有水平与成长性显著正相关。在风险与不确定性影响企业现金持有水平的研究发现中，Acharya（2007）认为企业高额持有现金在风险管理方面具有与金融衍生品相似的功效。Han和Qiu（2007）检验证实企业现金流的波动性与现金持有水平显著正相关。Bates（2008）通过对比发现在流动性风险大的企业中，现金持有水平的增长幅度远远超过风险小的企业，表明企业出于预防性动机而显著增加现金持有。

在公司治理层面，学者们较一致地认为现金持有能够同时为管理层与控股股东的利益转移提供机会，管理层与控股股东通过影响公司现金持有的财务决策为自己获取控制权私利创造有利条件，两类代理问题的存在都会导致高比例的现金持有。在有关第一类代理问题影响企业现金持有决策的研究发现中，Ball（2006）认为管理层在现金持有等财务决策方面具有绝对的话语权。管理层的权力越大，越有能力通过影响公司现金持有决策来追逐个人私利。辛宇等（2006）通过实证研究发现，上市公司超额现金持有水平与公司微观治理机制成反比，即微观治理越差的公司，超额现金持有水平越高。杨景研等（2012）研究发现管理层权利越大，企业现金持有水平越高。张芳芳（2013）的研究表明公司持有超额现金增加了高管追逐个人私利而滥用现金的机会。杨兴全等（2014）研究发现管理层权力显著提高了上市公司的现金持有水平。在有关第二类代理问题影响企业现金持有的研究发现中，Kalcheva 和 Lins（2007）认为企业中的现金持有作为流动性最强的资产，能够为控股股东的利益侵占提供便利。他们的研究表明控股股东利用控制权，通过干预上市公司现金持有的方式获得控制权私利。两权分离使控股股东有动机和能力为满足控制权私利而增加其控制的现金资源（曾义，2014）。俞红海（2012）采用我国上市公司 2004—2008 年数据，通过固定效应模型检验发现：代表控股股东侵占的控股股东控制权与现金流权分离度越大，控股股东对公司资源的侵占动机就越强烈，表现为两权分离度与我国上市公司的现金持有水平显著正相关。

在外部环境层面，祝继高和陆正飞（2009）研究发现在货币政策紧缩期，企业会多持有现金以应对外部融资约束；而在货币政策扩张期，外部融资成本下降，企业为了节约现金成本不会持有过多现金。王彦超（2009）认为与非融资约束企业相比，融资约束企业倾向于从实现的现金流中留存更多现金。刘博妍和韩立岩（2011）检验发现经济政策的不确定性会使谨慎的管理者提高企业的现金持有水平以避免出现资金短缺的风险。Custodio 等（2015）研究发现受到融资约束的企业在经济衰退期会选择多持有现金，不受融资约束的企业则不会因为经济周期调整自己的现金持有策略。在行业竞争程度影响企业现金持有水平的研究发现中，Haushalter（2007）检验证实企业现金持有水平与所在行业的竞争程度显著正相关。张会丽和吴有红（2012）研究发现企业高额持现对于产品获取竞争优势具有显著的积极作用。杨兴全等（2016）以 2003—2012 年我国 A 股上市公司为样本检验发现，成长性行业公司的现金持有随着融资约束与行业竞争程度的提高而增加，成长性行业公司为了满足占优投资的资金需求而选择增加现金持有。赵哲（2018）也研究发现行业竞争程度的提高显著地正向影响了企业的现金持有水平。根据掠夺理论，在竞争激烈的行业中，持现充裕的企业能够开展更有力的竞争战略，巩固并扩展自身的市场份额，威慑竞争者，避免掠夺风险（杨兴全和吴昊旻，2009）。

2.2.3 现金持有在企业创新中的价值

现金在企业创新中最重要的价值在于为创新行为提供持续稳定的资金支持，避免高昂的调整成本。Schroth 和 Szalay（2005）以美国上市企业为样本，讨论了现金持有对技术创新的重要作用。他们认为企业为了技术创新，必须要储备充足的现金。这样在未来需要资金投入研发时可及时投入资金。他们的实证检验结果表明企业持有现金可以提高研发成功的概率。Pinkowitz 和 Williamson（2007）认为现金持有能够帮助研发密集型企业避免研发路径改变而导致的高昂调整成本。Brown 和 Petersen（2011）研究发现当企业面临融资约束或财务危机时，会通过减少所持现金，释放流动性来保证创新投资的持续平稳，从而验证了企业现金持有具有平滑创新投资的作用。Shin 和 Kim（2011）认为企业创新政策需要考虑的一个重要方面是如何保持研发支出的平滑。创新企业现金持有的一个重要作用在于确保研发支出的平滑，避免创新路径因资金短缺而被迫发生改变，并由此产生高昂的调整成本。在研究中他们还通过对比发现，成立不久的企业由于受到更严重的融资约束，与成熟企业相比会更多地依靠现金持有来平滑研发投资。熊市期间的企业由于外部融资困难，也会普遍选择现金持有平滑研发投资。Pedro（2014）则运用 1960—2008 年美国的产业和企业数据研究发现，无论是处于顺经济周期还是逆经济周期，企业都存在比较普遍的研发平滑行为。He 和 Wintoki（2016）指出由于产出的不确定、更高程度的信息不对称、占比很高的无形资产等内在原因，由研发驱动的创新难以获得外部融资支持，尤其是债务融资，因而主要由企业内部现金流提供资金支持。同时，高昂的调整成本强化了外部融资约束对创新型企业的影响，导致这一类企业更多依赖于建立预防性的现金储备来支持研发支出。

国内学者方面，杨兴全等（2016）基于“深口袋”理论指出，在竞争激烈的创新市场，企业持有高额现金具有抑制竞争者开展科技创新的战略作用，因为持现水平高的企业更有可能在专利竞赛中“占优取胜”。过新伟和王曦（2014）以2002—2010年的221家制造业上市公司为研究样本检验发现，内部现金流是融资约束型上市企业研发投资的主要来源，并且现金持有在融资约束企业中对研发投资起到了平滑作用，减少了经济周期中研发投资的波动。黄振雷和吴淑娥（2014）基于1998—2012年生物医药制造业上市公司数据，检验发现当企业财务状况经历较大波动时，现金持有是确保企业研发支出持续稳定的主要方式。吴淑娥等（2016）分析发现我国企业的研发投入在金融危机时期不减反增，就是因为企业中的现金持有降低了外部环境中的金融危机造成的负面影响，保障了企业创新活动的资金来源。徐进和吴雪芬（2017）以2008—2015年255家高科技上市公司作为研究对象，发现企业能够通过现金持有改善研发投入的平稳性，避免高昂的调整成本。解维敏和方红星（2011）以中国上市公司2002—2006年数据为样本进行分析检验，发现企业研发投入受地区金融发展水平的显著影响。康志勇（2013）利用2001—2007年中国制造业企业数据检验发现，融资约束抑制了国内企业的科技创新活动。以上研究发现共同验证了现金持有在企业科技创新活动中的价值，即现金持有能够缓冲外部融资约束对企业创新投入造成的不利影响，避免因创新路径改变而产生的高昂调整成本。这些发现也解释了企业创新在遭受外部融资约束时，如何通过现金持有保持创新活动持续稳定，避免高昂的调整成本，保证企业创新效率。

除此之外，创新市场激烈的人才竞争也使企业创新过程中的现金持有更具战略意义。现金持有具有“信号作用”，账面上高比例的现金资产预示着企业能随时应对竞争者掀起的“抢人大战”，从而对恶意竞争者起到有力的警示作用，有效减少创新人才的流失，并进一步防止有关创新活动的关键信息被竞争对手窃取。同时，已有研究发现受教育程度更高的应聘者在选择企业时会更多关注企业的财务状况健康与否，一个流动性充足的企业自然能够吸引到更多创新人才的加入。结合以上分析，现金持有在企业创新中所具备的战略意义促使企业为了满足科技创新的资金需求，而保持高水平的现金持有。

2.3　关于企业融资约束与风险承担问题的研究

2.3.1　关于融资约束对企业行为的影响研究

企业与资本市场之间普遍存在着信息不对称和信息不完全，处于信息劣势地位的外部投资者为此索要更高的风险补偿，由此便造成了企业外部融资成本的上升，带来融资约束。现有研究主要关注了融资约束对企业创新以及财务决策的影响。在融资约束影响企业创新的研究发现中，学者们较为一致地认为融资约束是影响企业创新投入与创新绩效的重要变量。Benfratello 等（2008）以意大利企业数据为样本检验发现银行业的发展状况影响了企业开展创新活动的可能性，信贷约束降低了企业的创新概率与创新投入水平。Brown 等（2012）检验了欧洲企业融资约束与创新投入 R&D 之间的关系。结果发现当控制了企业现金储备对创新投入的支持作用后，外部融资约束对企业 R&D 具有显著的抑制作用。国内学者唐清泉等（2009）、张杰等（2012）、卢馨等（2013）均检验证实融资约束普遍地制约了我国企业的创新投资水平。扈文秀等（2009）研究发现外部融资约束与企业创新项目投资概率呈负相关关系。鞠晓生等（2013）指出由于金融资源错配，受到信贷歧视的民营企业难以获得银行贷款，因此创新融资约束受到企业产权性质的影响，融资约束对创新行为的抑制作用在民营企业中表现得更为显著。周开国等（2017）研究发现融资约束制约了企业参与协同研发的意愿，原因是协同研发需要充足的流动性才能将所吸收的外部知识转化为创新产出。周煜皓（2017）指出融资约束在企业创新中普遍存在。企业创新需要大量的、持续不断的资金投入，若企业内部资金存储不足，同时又受到严重的外部融资约束，则不得不推迟甚至放弃创新项目，直接影响企业的创新产出。程玲等（2019）以2008—2015年我国A股上市企业为研究对象，检验发现融资约束鼓励了企业的研发操纵行为，对企业创新产出与利润水平产生不利影响。

关于融资约束对企业财务决策的影响，Gamba和Triantis（2008）认为现金与债务对于融资约束企业具有不同的效用。区别于债务融资的诸多限制，现金持有水平更多是企业自主决定的结果，保持较高水平的现金持有能够使融资约束企业及时且低成本地将现金用于“捕食行为”，获取产品市场上的竞争优势。Fresard等（2008）认为受到融资约束的企业为了稳定生产与经营，必须保持高水平的现金持有。Wang（2012）指出受到融资约束的企业，有更强烈的储备现金的动机。国内学者方面，沈红波等（2014）研究发现融资约束与企业现金持有量显著正相关。袁卫秋（2014）认为充足的现金持有能够有效缓解外部融资约束的影响，有助于提升企业价值。张会丽等（2015）认为融资约束严重制约了企业获得外部资金的能力，强化了企业对内部资金的依赖，企业会通过各种渠道增加现金持有。庄燕娜（2018）选取2008—2019年我国A股上市企业为研究对象检验发现，融资约束与企业现金持有显著正相关，企业面临的融资约束程度越强，企业的现金持有水平越高。

企业创新由于高比例的无形资产，更严重的信息不对称，以及更高的风险性等原因难以获得外部融资支持，普遍受到融资约束（Arrow，1962）。高昂的外部融资成本要求企业必须保持充足的内部资金，以保证创新投资的持续性。调查统计显示，我国九成以上企业创新主要依赖内部现金（周煜皓，2017）。创新行为高昂的调整成本更是强化了融资约束对企业财务决策的影响。鞠晓生等（2013）检验发现高昂的调整成本与不稳定的资金来源制约了企业的创新能力。由于我国资本市场发展不完善，企业主要依靠内部资金积累进行持续性的科技创新。He和Wintoki（2016）采用WW指数度量企业所受到的融资约束，发现1980年以后，研发密集型企业所受到的融资约束程度急剧增加。在这一融资环境下，研发密集型企业与其他企业相比通过持有更多现金以应对日益加剧的外部融资约束。钟凯等（2017）研究发现货币紧缩政策加剧了企业创新的融资约束，使企业创新对内部资金的依赖性加强。

2.3.2　关于企业风险承担经济后果的研究

已有研究指出企业合理水平的风险承担具有价值增值作用，但是过度的风险承担行为却会加大企业风险管控成本，增加外部融资成本，甚至提高企业破产可能性，进而危害股东与债权人利益。Moreno 等（2008）认为企业风险承担与绩效之间是非线性关系，因为企业都只愿意承担有限度的风险，而不愿意去无限地承担风险。姜付秀等（2009）研究发现管理者过度自信与企业扩张显著正相关，并且由过度自信的管理者主导的高风险扩张战略更可能使企业陷入财务困境。张雄等（2016）认为当前不合理的薪酬制度导致我国银行业过度风险承担，若不能通过治理机制改革有效抑制银行业过度的风险承担行为，降低金融市场风险，则会直接危害我国金融市场稳定性。

当前文献关于企业风险承担对企业绩效的影响方向尚未得到完全一致的结论，虽然一些学者支持企业风险承担水平的提高有利于改善企业绩效，如谢乔昕等（2016）发现我国非金融类上市企业风险承担水平的提高对于企业绩效具有显著的促进作用，但是仍有一些学者提出了不同的观点：Bowman 等（1980）发现在跨行业经营的企业中，风险承担水平与企业绩效显著负相关，并由此提出“波曼悖论”，即企业的风险与收益并不总是呈现正相关关系，而是在很多情况下会出现负相关。随后 Baird 和 Thomas（1985）也挑战了传统经济学理论，他们提出若企业在市场中占据支配地位，那么凭借资源优势与管理者才能，可以在低风险的环境下创造出高收益。Fiegenbaum（1990）认为企业在盈利期倾向于规避风险，只有在亏损期才会选择承担风险以扭转局势。Cohen 和 Dey（2013）研究发现企业风险承担水平会负向影响企业绩效。Habib 和 Hason（2016）指出企业风险承担与企业绩效之间的关系受到企业所处阶段的影响。更高的风险承担水平能够为处于成长期与成熟期的企业带来企业绩效的提升，然而对于处在衰退期的企业而言，因破产风险加大，此时风险承担水平的提高反而会带来企业业绩的下降。还有一些国内外学者认为对于新成立的企业而言，创新性与前瞻性会显著提升企业绩效，风险承担水平与企业绩效之间并不存在显著的正相关关系。董保宝和葛宝山（2014）以新成立企业（成立时间短于 8 年）为研究对象，检验发现企业风险承担与绩效之间为倒“U”形关系。张红彬等（2018）以小微新创企业为研究对象，发现小微新创企业的风险承担与企业绩效呈倒“U”形关系。另外还有学者指出风险承担策略导致企业绩效的变异较大，长远来看可能两者之间并不存在线性关系。

除了风险承担对企业绩效的影响，学者们还关注了风险承担对企业创新的影响，但是结论仍然尚未完全统一。一方观点认为，由于企业创新行为总是伴随着高风险性，有风险承担能力的企业才不会轻易放弃高风险的创新项目，因此企业风险承担水平会正向影响企业创新绩效。例如，Covin 和 Slevin（2010）检验发现企业管理层对待风险的态度越激进，越愿意承担创新项目的高风险，对企业创新的支持力度也越大。另一方观点则认为风险承担水平高的企业反而不会为了追求创新而允许风险继续增加，使企业陷入衰落甚至破产的危机，因此企业风险承担水平的增加会对高风险的创新行为有抑制作用，减少了企业创新（刘华和杨汉明，2018）。南楠等（2016）研究发现当企业受到媒体负面报道时，企业的风险承担水平会显著地负向影响企业创新，即企业风险承担水平的提高会显著降低企业创新水平。李健等（2018）以 A 股制造业上市公司为研究对象，检验发现经营期望落差会正向影响企业创新行为的可持续性，然而风险承担水平却会弱化经营期望落差与企业创新可持续性之间的正向关系。李媛媛等（2019）研究发现在国有上市公司中，企业风险承担对创新效率具有显著的抑制作用。

2.4 研究评述

首先，文献综述中归纳总结了关于企业创新行为特征与融资决策问题的研究成果。现有研究主要关注了企业创新问题的三个方面。第一，企业创新行为的典型特征。已有学者指出创新行为的典型特征之一即高昂的调整成本。若企业创新过程中的资金供应链出现问题，将有可能导致前期成本无法收回、技术人员流失、关键信息泄露、创新效率下降等诸多问题，在市场竞争中处于被动局面。因此，保持创新资金来源的稳定，避免高昂的调整成本，就成了企业创新决策需要考虑的首要问题。除此之外，创新行为还具有高风险性、信息不对称、外部估值困难、无形资产占比高等典型特征。第二，企业创新行为的融资约束特征。已有研究发现，企业创新行为由于更高的信息不对称与更大的风险性，以及缺乏实物资产充当抵押担保品、外部估值困难等原因，普遍受到更严重的融资约束，难以从外部市场获取资金支持，进而更多地依赖内部资金。第三，企业创新行为的融资决策问题。现金持有决策是企业财务决策的重要组成部分，企业创新需要首先保障创新资金来源的稳定性与持续性，内部资金是企业创新投入资金的重要来源。关于企业创新行为影响现金持有决策的理论依据，本书总结概括了凯恩斯关于现金持有的预防性动机，以及财务柔性理论。同时，在财务决策的其他方面，债权人厌恶风险的特性与创新行为高风险特征之间的矛盾，导致企业创新投资与债务融资之间往往存在负相关关系。更为严重的信息不对称促使外部投资者要求更高的“柠檬溢价”，推高了股权融资成本。外部融资约束使得内部资金成为企业创新投资的主要来源。创新型企业在资金不足的情况下倾向于使用商业信用进行融资，补充流动性资金，增加企业的现金持有。当外部融资约束制约企业创新投资时，较低的股利支付率能够使企业留存充足的现金，进而依赖内部资金进行创新投资。通过对上述研究的归纳总结，本书发现当前关于企业创新的文献大多关注于创新行为的典型特征与外部融资约束，对于企业创新行为影响现金持有决策的研究却非常匮乏。仅有的若干国外文献中都较为片面地关注创新投资对现金持有水平的影响，而忽视了企业整体的创新行为如何影响其现金持有决策，以及企业创新行为的异质性是否造成了对现金持有决策的影响差异，同时缺乏对影响途径与决策动机的分析与检验，还留有非常大的深入探讨的空间。现金持有作为企业财务决策的重要组成部分，尚未有国内学者以我国上市企业数据为样本，检验企业整体的创新行为对现金持有决策的影响，以及具体的影响途径和决策动机，并且深入剖析企业创新行为的异质性对现金持有决策的影响差异。

其次，在关于企业财务决策与现金持有问题的相关研究中，已有文献关注了三个方面的问题：第一，企业财务决策的影响因素。其中，影响企业投资决策的因素主要包括企业规模、融资约束、两类代理冲突、企业治理结构等。融资决策的影响因素包括内部因素与外部因素两个方面。内部因素如企业规模、盈利能力、流动性、成长性、治理结构等；外部因素主要指市场与制度环境。同时，一系列理论如MM定理、融资优序理论、权衡理论等相继发展起来，用以解释企业如何制定最优融资决策。影响企业股利分配决策的因素主要包括企业盈利能力、风险与不确定性、两类代理成本与企业控制权结构，以及外部环境中的法律制度与税收制度等。第二，企业现金持有的动机与影响因素。企业出于预防动机、投资动机、投机动机而持有现金。凯恩斯提出的预防性现金持有动机认为企业由于未来现金流的不确定性以及发生财务危机的可能性而持有现金。在这种动机的驱使下，企业会在正常现金流需求的基础上，多持有一部分现金以防止现金流的剧烈波动威胁企业正常的生产与经营。除此之外，还有权衡理论、融资优序理论、代理理论以及自由现金流假说都对企业持有现金的动机与影响因素作出了解释。前两种理论主要关注外部融资约束对企业现金持有水平的影响，而代理理论与自由现金流假说则主要关注代理问题对企业现金持有的影响。已有关于现金持有决策影响因素的研究主要集中于企业特征层面、公司治理层面、外部环境层面，认为企业规模、成长性、盈利能力、代理问题、治理结构、风险与不确定性，以及融资约束、外部市场与制度环境都会显著影响企业的现金持有水平。第三，现金持有在企业创新中的价值。现金持有在创新行为中的价值主要体现在作为企业创新重要的资金来源，确保创新投入资金的持续稳定，避免创新路径因资金短缺而被迫发生改变，并由此产生高昂的调整成本。企业为了技术创新，必须要储备充足的现金。通过对上述研究发现的梳理与总结，本书发现当前关于企业现金持有决策影响因素的研究主要集中在企业特征、治理结构、外部环境等层面，鲜有文献将企业创新行为作为现金持有决策的重要影响因素，检验企业创新行为对现金持有决策的影响。同时，已有文献专注于探讨现金持有在企业创新中的价值，但却忽视了在“预防性动机”的理论背景下，企业高风险性的创新行为对现金持有决策的影响，以及企业创新行为的异质性对现金持有决策的影响差异。

最后，在关于企业融资约束与风险承担问题的研究中，在融资约束的影响方面，学者们较为一致地认为融资约束是影响企业创新投入与创新绩效的重要因素。同时，由于现金持有能够使融资约束企业节约外部融资成本，有效缓解外部融资约束的影响，避免现金短缺造成的损失，因此受到融资约束的企业有更强烈的储存现金的动机，融资约束会直接影响企业的财务决策。在企业风险承担的经济后果中，已有研究指出合理的风险承担水平对于企业绩效与市场价值具有积极作用，但是过度的风险承担行为却会加大企业风险管控成本，增加外部融资成本，甚至提高企业破产可能性，进而危害股东与债权人利益。同时，以“波曼悖论”为代表，一些学者的研究发现挑战了传统的经济学理论，质疑了风险承担与企业绩效之间的正向关系。风险承担对企业创新的影响方向也缺乏统一结论。一部分学者认为有风险承担能力的企业才不会轻易放弃高风险的创新项目，因此企业风险承担水平会正向影响企业创新绩效；另一部分学者则认为风险承担水平高的企业反而不会为了追求创新而允许风险继续增加，因此企业风险承担水平的增加会对高风险的创新行为有抑制作用，减少了企业创新。综合上述研究发现，尽管已有文献发现融资约束抑制了企业创新，但却未有文献从企业创新投资与现金持有相关性的角度分析融资约束的影响，从而检验企业管理层是否会为了应对外部融资约束而为企业创新行为储存更多现金。同时，对于企业风险承担的经济后果，尽管不同学者基于不同的研究角度，采用不同样本得出了不完全一致的研究结论，但是这些研究主要关注的是风险承担对企业绩效或是企业创新行为的影响。尚未有文献从创新行为与现金持有的相关性角度，探讨企业风险承担水平的影响：现金作为无风险资产，对于风险承担水平高的企业，管理层是否会为了平衡企业整体风险，而为企业高风险的创新行为储备更多现金，从而强化了创新行为对现金持有决策的影响。

基于以上研究基础，本书尝试探讨企业创新行为对现金持有决策的影响及其异质性对现金持有决策的影响差异。首先，从创新投入入手，检验企业的创新投资，是否显著影响了企业的现金持有决策，并进一步分析创新投资对现金持有水平的影响途径；其次，本书通过依次检验外部融资约束、风险承担水平、行业竞争程度是否显著影响了企业创新投资与现金持有水平之间的关系，分析企业管理层为创新行为增加现金持有的决策动机；再次，本书从创新产出的角度，深入剖析企业创新行为的异质性，对现金持有决策的影响差异；最后，本书在背景分析中探讨公司治理环境对企业创新行为与现金持有之间关系的影响。分别从内部治理环境与外部治理环境两个方面，检验分析更好的治理环境，如何影响企业创新行为与现金持有之间的相关性。

第 3 章
企业科技创新对现金持有决策的影响

由于受到国家创新驱动发展战略的支持以及企业外部市场日趋激烈的竞争压力，中国企业创新活动正日益活跃。但是，企业为保证创新投资的顺利进行，必须有相应的财务决策提供支持。现金持有决策是企业财务决策的重要内容，是否受到企业科技创新的影响值得关注。本章将基于中国上市公司现实背景，理论分析并实证研究企业创新投资对企业现金持有决策的影响以及企业现金持有决策的实现途径，从而为这一问题提供初步的理论解释和实证证据。

3.1　理论分析与研究假设

科技创新最重要的特征是高昂的调整成本（Himmelberg 和 Petersen，1994）。这是因为研发人员的雇佣、解聘，以及培训成本都较为高昂。Hall 和 Lerner（2010）统计发现大约 50% 的企业创新支出用于支付研发人员的薪酬。若财务冲击造成资金供给出现问题，势必需要解雇相关技术人员。这样一方面导致前期的经济投入变成沉没成本无法收回，另一方面遭遇解聘的技术人员有可能将关键技术泄露，造成企业在创新市场上的竞争劣势。Zander 和 Kogut（1995）指出，被解雇者会采用直接或间接的方式将这些信息和技术散播给竞争对手，从而减弱企业的竞争优势，降低企业正在开展的创新项目的价值。倘若财务冲击是暂时的，后期新人的聘用与培训会带来更高成本。Grabowski（1968）指出研发人员的市场供给是缺乏弹性的，即一旦企业在陷入财务危机时解雇相关人员，那么度过危机后也难以将其重新聘回。而且，研发团队的成员变动也会打破之前稳定的研究路线，破坏团队成员合作的默契性，降低企业创新产出的效率。基于此，确保充足的资金来源，保证创新支出的持续性，避免高昂的调整成本，就成了企业创新活动需要考虑的首要问题。同时，受到外部经济形势、行业竞争，以及技术发展的影响，加之创新行为更大的风险性，企业创新项目的价值、后果与未来现金流难以预期。一旦创新失败，剧烈的现金流波动有可能导致企业陷入资金短缺、濒临破产的财务困境。

根据现金持有的预防性动机，企业由于未来现金流的不确定性以及发生财务危机的可能性而持有现金。充足的现金持有水平，一直被认为是企业有效应对风险，提升风险防御能力的重要保障，是企业创新的主要资金来源。Brown 和 Peterson（2011）指出美国上市企业近年来 R&D 支出水平的急速上升对企业的流动性管理有重要影响，原因之一在于 R&D 支出的资金主要来源于企业内部现金流。Shin 和 Kim（2011）认为保持创新资金来源的稳定，避免高昂的调整成本是企业创新政策的一个重要方面。外部环境冲击使企业财务状况恶化时，企业内部的现金持有能够及时补充创新投资，帮助遭受危机的企业避免因创新投资路径被迫改变而产生的高昂调整成本。Mulkay 等（2001）、Bond 等（2005）、Hall 和 Lerner（2010）研究发现企业偏好于内部资金作为 R&D 的融资解决途径，企业进行创新活动首先会动用内部资金。Hottenrott 和 Peters（2012）、Czarnitzki 和 Hottenrott（2011）的研究也支持上述结论，认为企业创新融资的主要来源是内部现金流。吴淑娥（2016）研究发现相比起财务状况的频繁波动，企业能保持创新投入在一个相对稳定的水平，主要原因就在于企业运用现金持有来支持研发。鞠晓生等（2013）采用 SA 指数法（Hadlock 和 Pierce，2010）衡量企业的融资约束，研究发现内部资金是企业创新行为的首要融资渠道，内部资金的长期积累有利于维持企业创新行为的持续性。Opler 等（1999）研究美国上市公司的现金持有时发现，研发密集型企业持有现金较多。Schroth 和 Szalay（2010）认为技术创新的首要任务是储备现金。企业出于预防动机，为保障创新投入的平稳和研发活动的顺利开展而预留现金，创新投入越多的企业会在期末保留更多现金。He等（2016）采用混合OLS与固定效应回归模型对1980—2012年美国工业企业相关数据分析发现，创新投资的增加可以解释美国企业近30年来现金持有水平的持续上升。正是由于高水平的现金持有，即便在遭受金融危机时，美国总体创新投资依然保持了平滑与持续的增长。

同时，风险管理是企业管理层制定投资决策时必然要考虑的重要内容，投资组合理论为风险管理提供了一个有效的工具。根据投资组合理论，资产配置是投资决策中非常重要的一个环节。在企业内部大类资产的配置过程中，现金资产作为抵御外部风险的有力工具，在总资产中的占比日益攀升，已经逐渐成为一种资产配置中大类资产的新趋势。资产组合的构建并不仅仅是为了分散投资，资产组合的风险也是可以被计算和分配的。管理者需事先确定企业能够承担多大风险，如何在投资组合中配置风险（胡光涛等，2003）。若企业需要规避风险，资产配置中的现金资产就不可或缺。在风险加大的情况下，守住现金常常是控制风险的必要手段，也是最优策略。因此根据投资组合理论，当高风险的创新投资项目显著增加了资产组合的风险时，企业会相应地增加无风险现金资产在组合中的比重以平衡整体风险，避免现金流的剧烈波动使企业陷入破产危机，从而提高了企业的现金持有水平。

基于上述分析，本章提出以下假设。

假设3-1：企业创新投资会显著增加未来现金持有。创新投资越多，企业下一期的现金持有水平越高。

作为企业创新的资源基础，企业创新需要大量现金，减少现金股利的支付能够为企业保留更多现金，从而为创新投资提供持续稳定的资金来源。企业的现金股利政策由现金股利支付意愿与现金股利支付水平组成，受到企业规模、成长性、盈利能力、现金流量、负债水平、投资机会、治理结构等多种因素的影响。虽然现金股利的支付能够满足股东的短期利益，但因为减少了企业的现金资产而限制了企业的创新投入水平，对企业创新具有消极影响。因此，企业倾向于通过降低现金股利支付意愿与支付水平为创新行为储存更多现金。一方面，受到融资约束的企业具有更低的现金股利支付意愿与支付水平。企业创新行为由于其更大的风险性、更严重的信息不对称、更高的无形资产比例等天然属性难以获得外部融资支持，主要依赖于内部资金。为此，企业有动机为了满足科技创新的资金需求，减少现金股利的支付，以保持较高的现金持有水平。另一方面，已有研究发现，面对更大不确定性的企业倾向于通过减少现金股利的支付，保留更多盈余，增加企业的现金持有，以提高企业抗风险的能力。企业创新不是一个一蹴而就的过程，大多需要一个较长的创新周期，在此期间由于受到内部科研技术与外部经济环境等多种因素的综合影响而使创新前景难以预期，创新投资与一般固定资产投资相比具有更大的风险性，为企业未来的生产经营与财务状况带来了更大的不确定性。为此学者们普遍认为创新投资是一种高风险性的投资行为。企业面对更大的不确定性倾向于通过减少现金股利的支付，以为高风险的创新投资保留更多现金，避免创新失败使企业陷入流动性危机。基于以上分析，本章提出假设3－2。

假设3－2：与未报告创新投资的企业相比，报告了创新投资的企业具有更低的现金股利支付意愿与支付水平，从而增加了企业的现金持有。

商业信用是指企业通过延期支付货款或提前收取货款而占用商业伙伴的资金，是一项重要的短期资金来源。商业信用的融资优势理论认为，企业使用商业信用融资是由于内外部融资成本差异显著。与银行信贷相比，商业信用融资无须支付利息，因此具有显著更低的融资成本。企业融进低成本的资金是为了补充流动性资金。当商业信用融资纳入企业运营体系后，有利于实现企业连续运作，此时企业具有更高的现金持有水平（徐晓萍和李猛，2009）。吴士农（2008）指出商业信用类负债是企业无息负债的重要组成部分。企业的商业信用水平越高，意味着应付预收款越多，占用商业伙伴的资金越多，企业的现金持有水平相应较高。罗进辉和万迪昉（2008）认为商业信用是一种短期负债，短期负债的增加会给企业带来更大的还本付息压力，企业为了避免破产清算的风险而持有更多现金。因此，商业信用水平越高，企业的现金持有量也就越多。已有研究发现，创新型企业使用商业信用的概率高于其他企业。企业创新主要依赖内部资金，而商业信用的使用作为一种低成本的融资方式，可以直接增加企业内部现金流（胡海青等，2015）。企业创新投资在受到信贷约束的情况下，通过增加商业信用的使用推迟付款，占用更多资金，增加了企业的现金持有。一方面，商业信用的使用能够帮助企业延缓支付货款的时间，显著缓解企业创新的融资约束，及时补充流动性，增加企业的现金持有，保障创新投资的资金需求。因此，企业倾向于通过使用商业信用为创新投资留存更多现金。另一方面，企业创新的技术信息对于行业内部的供应商具有溢出效应，供应商易于与企业结成“创新同盟”，从而有利于企业获取低成本的商业信用融资。同时，长期稳定合作的供应商与银行相比较，掌握着更多关于企业生产与经营的信息，信息不对称程度较弱，对企业的创新能力与创新前景能够作出更合理的评估。在激烈的行业竞争中，供应商能够通过提供商业信用获得竞争优势，因此供应商愿意为企业提供商业信用。企业有条件通过商业信用的占用，增加企业现金资源，满足企业创新的资金需求。基于以上分析，本章提出如下假设。

假设3－3：创新投资会显著提高企业的商业信用水平，企业创新通过增加商业信用的使用占用更多资金，增加企业的现金持有。

3.2　研究设计

3.2.1　数据来源与样本筛选

本章的初始研究样本为我国沪、深两市2008—2019年的全部A股上市公司。所使用的研发费用数据来源于WIND数据库。财务数据与产权性质数据来源于CSMAR数据库与WIND数据库。

由于金融行业的业务特殊性以及所受到的严格监管，金融类上市公司的财务指标如资产负债率等与其他行业相比缺乏可比性。因此，本章依照研究惯例，按照证监会行业分类标准，在样本中剔除了金融与保险行业的上市公司。同时按照学术惯例与研究需要，本书还对样本数据进行了如下筛选：剔除ST公司样本；剔除在样本期间未披露研发费用的上市公司；剔除重要数据缺失的公司样本。经过上述筛选，最终得到2217家企业的13622个公司－年度观测值。同时，为了控制极端值对研究结果的影响，本章对连续变量均进行了1%与99%分位上的Winsorize处理。

3.2.2 变量设计

在国外的相关文献中，通常从创新投入或创新产出的角度度量企业创新行为（Aghion等，2013）。此处本章参照何玉润等（2015）的研究，首先从创新投入的角度，以R&D强度度量企业创新。R&D强度的计算方法为研发费用除以期末资产总额（曾德明等，2016；朱艳丽等，2018）。在后面的章节中，本书会从创新产出的角度度量企业创新行为。本章回归模型中的被解释变量为企业现金持有水平。参考He（2016）、连玉君（2010）的研究，现金持有水平的计算方法为现金及现金等价物与期末总资产之比。解释变量为企业创新投资的滞后一期$R\&D_{i,t-1}$。同时，在控制变量的选择中，本章参考已有关于企业现金持有水平的研究（He，2016；Kalcheva和Lins，2007），控制了企业规模、成长性、现金流量、资本投资、银行债务、净营运资本、资产负债率、股利支付以及企业所有权性质等变量。同时设置了行业变量与年度变量，以控制行业异质性与时间趋势变化的影响。模型中的解释变量与控制变量均采取了滞后一期的处理方法，变量的定义与计算方式如表3－1所示。

表3－1　　变量定义说明

变量类型	变量名称	变量代码	计算方法
被解释变量	现金持有水平	*Cashhold*	期末现金及现金等价物/资产总额
解释变量	创新投资	*R&D*	研发费用/资产总额

续表

变量类型	变量名称	变量代码	计算方法
控制变量	企业规模	*Size*	总资产的自然对数
	成长性	*Growth*	营业收入增长率
	现金流量	*Cashflow*	经营活动现金净流量/资产总额
	资本投资	*Capex*	购买固定资产、无形资产及其他长期资产支付的现金/总资产
	银行债务	*Bankdebt*	(长期借款 + 短期借款)/总负债
	净营运资本	*NWC*	(流动资产 - 流动负债 - 货币资金 - 交易性金融资产)/总资产
	资产负债率	*Lev*	负债总额/资产总额
	所有权性质	*State*	国有上市公司取 1，否则取 0
	股利支付哑变量	*Divi*	如果当年企业向股东支付了股利取 1，否则取 0

3.2.3　实证模型

为了检验前文提出的研究假设 3 - 1，本章借鉴 He 和 Wintoki（2016）关于企业现金持有水平的研究，构建回归模型如下：

$$Cashhold_{i,t} = \beta_0 + \beta_1 \times R\&D_{i,t-1} + \beta_i \times Controls_{i,t-1} + Fixedeffects + \varepsilon_{i,t} \tag{3-1}$$

为了解决因遗漏变量所产生的内生性问题，我们在模型（3 - 1）中另外加入了公司固定效应，同时采用面板数据的固定效应模型进行回归估计。由于本章关注的是创新投资对企业未来现金持有水平的影响，同时出于控制反向因果的内生性问题的考虑，借鉴魏志华等（2014）的处理方法，模型中的解释变量 *R&D* 与控制变量均采用滞后一期处理。张会丽等（2012）指出，解释变量选择滞后一期可在一定程度上避免可能存在的内生性问题。本章认为，企业当期的现金持有水平不会对企业上一期的创新投资造成影响，从而能够初步控制由于反向因果产生的内生性问题。为了进一步控制内生性问题对研究结论的影响，在稳健性检验中，本章另外采用了动态面板回归模型、工具变量法以及倾向得分匹配法以更好地克服由于遗漏变量、反向因果和样本选择偏误等造成的内生性问题。

模型（3-1）中的被解释变量 *Cashhold* 为现金持有水平的代理变量。*R&D* 为本书关注的核心解释变量，用来度量企业创新投资。*R&D* 前的回归系数 β_1 的大小、方向和显著性水平，是本章关注的重点，预期其显著为正。参照已有关于现金持有水平影响因素的研究（He 和 Wintoki，2016；Kalcheva 和 Lins，2007），本章选取的控制变量包括：（1）企业规模（*Size*）；（2）成长性（*Growth*）；（3）现金流量（*Cashflow*）；（4）资本投资（*Capex*）；（5）银行借款（*Bankdebt*）；（6）净营运资本（*NWC*）；（7）资产负债率（*Lev*）；（8）所有权性质（*State*）；（9）股利支付哑变量（*Divi*）等。除此之外，在混合 OLS 模型中加入了年度与行业虚拟变量，以控制年度与行业固定效应。同时，考虑到面板模型可能存在的序列相关与异方差等问题，为了保证估计结果的稳健性，本章在进行面板模型的回归过程中，通过计算稳健标准误来确定参数的显著性水平（姜付秀，2016）。

3.2.4 内生性问题的讨论

若想通过本章的模型设定验证企业创新投资对现金持有水平的影响，需要考虑两个可能存在的内生性问题：第一是模型中的遗漏变量问题。虽然模型（3-1）已经根据前人研究控制了一系列影响企业现金持有决策的重要变量，但仍然可能存在一些遗漏变量对模型估计结果造成偏差。第二是反向因果关系。创新型企业偏好使用现金持有来平滑研发支出，这种由反向因果导致的内生性问题也有可能影响模型估计结果。

针对以上可能存在的内生性问题，本章参考已有文献，在稳健性检验中主要采取三种方式进行处理：首先，借鉴郭蕾和肖有智（2016）的研究方法，通过动态面板回归模型控制上述内生性问题。由于被解释变量的滞后一期包含很多重要信息，因此在模型中引入被解释变量的滞后一期，能够很好地解决遗漏变量所产生的内生性问题。同时，借鉴鞠晓生、卢荻和虞义华（2013）的估计方法，采用一阶差分 GMM 的方法对动态面板模型的参数进行估计。由滞后期的解释变量与被解释变量充当工具变量能够较好地克服反向因果所导致的内生性问题（吴淑娥，2016）。其次，本章参考余明桂等（2013）、虞义华等（2018）的处理方法，采用 Heckman 两阶段 + 工具变量的方法控制反向因果的内生性问题。在第一阶段估计中，本章先后选取了两个工具变量进行估计。第一是同行业同年度其他企业平均创新投资水平，第二是该企业创新投资的三阶滞后变量（虞义华等，2018），将它们先后作为当期创新投资的工具变量代入模型中进行估计，以控制反向因果的内生性问题对模型估计结果造成的偏差。最后，本章采用倾向得分匹配（PSM）的估计方法控制内生性问题的影响。借鉴 Chan 和 Lakonishok（2001）的做法，本章将在样本期间报告了创新投资（*R&D*）的企业归为处理组，未报告创新投资的企业归为控制组。在所有协变量通过平衡性检验的前提下，检验处理组与控制组的现金持有水平是否存在显著性差异。

3.2.5 检验影响途径的方法

在研究假设中本章提出创新投资影响现金持有水平的两条可能途径：一是显著降低企业的现金股利支付意愿与支付水平；二是显著提高企业的商业信用水平，通过增加商业信用的使用为创新行为储备更多现金。在检验第一条影响途径时，首先，分析企业创新投资对现金股利政策的影响。现金股利政策由现金股利支付意愿与支付水平组成。由于股利支付意愿（即企业本期是否支付现金股利）为二元离散变量，面板数据为非线性面板，因此参考前人研究，本章采用 Logit 模型检验企业是否报告创新投资对现金股利支付意愿的影响。为了控制模型中的内生性问题，途径检验中进一步采用倾向得分匹配（PSM）的估计方法。借鉴 Chan 和 Lakonishok（2001）的做法，将报告了创新投资的企业（处理组）与未报告企业（控制组）进行一对一匹配，在控制协变量差异的基础上对比两组样本在现金股利支付意愿与股利支付水平方面是否存在显著性差异，预期处理组的平均股利支付意愿与支付水平将显著低于控制组。其次，依次根据企业现金股利支付意愿与支付水平的高低对初始样本进行分组检验，预期在不支付股利与股利支付水平低的样本组中，创新投资对企业下一期现金持有水平的影响更显著。在检验第二条影响途径时，首先利用混合 OLS 模型与固定效应模型分析企业创新投资对下一期商业信用水平的影响，预期估计系数将显著为正；其次根据企业商业信用水平的高低对初始样本进行分组检验，预期创新投资对未来现金持有水平的影响在商业信用水平高的样本组中更显著。

3.3 实证结果

3.3.1 描述性统计与相关性分析

表 3-2 报告了模型（3-1）中主要变量的描述性统计。其中，非金融类上市公司现金持有水平（*Cashhold*）的均值（中位数）为 0.267（0.165），说明超过 1/4 的账面总资产以现金及现金等价物的方式存在。同时，从 *Cashhold* 的标准差以及最大最小值的差距来看，我国上市企业的现金持有水平存在较大的波动性。*R&D* 用以衡量企业创新投资水平，其均值（中位数）为 0.020（0.015），这一数值显著低于美国、日本等西方国家的创新投入平均水平。据统计，2018 年我国上市企业平均创新投入水平仅为美国上市企业的 20%。*Size* 为企业资产总额的自然对数，用来衡量企业规模，其均值（中位数）为 21.880（21.680）。*Growth* 为描述企业成长性的代理变量，计算方法是营业收入增长率。其最大最小值相差非常大，表明我国上市企业营业收入波动剧烈，这一统计结果也与之前的研究发现相符。*State* 用以度量企业所有权性质，国有上市公司取 1，其均值为 0.372，中位数为 0，表明大多数样本企业为非国有企业。其余变量的描述性统计结果请参照表 3-2，此处不再赘述。

表 3 -2　　描述性统计

变量代码	观测值	平均值	中位数	标准差	最小值	最大值
Cashhold	13622	0. 267	0. 165	0. 343	0. 010	0. 801
R&D	13622	0. 020	0. 015	0. 023	0. 000	0. 120
Size	13622	21. 880	21. 680	1. 268	19. 574	25. 937
Growth	13622	0. 171	0. 095	0. 420	-0. 486	2. 870
Cashflow	13622	0. 052	0. 049	0. 091	-0. 232	0. 334
Capex	13622	0. 075	0. 051	0. 075	0. 001	0. 399
Bankdebt	13622	0. 304	0. 301	0. 238	0. 000	0. 825
NWC	13622	0. 023	0. 037	0. 196	-0. 541	0. 455
Lev	13622	0. 423	0. 415	0. 216	0. 040	0. 934
State	13622	0. 372	0	0. 483	0	1
Divi	13622	0. 402	0	0. 490	0	1

表 3 -3 给出了本章模型（3 -1）中所用变量的相关性检验结果。从表 3 -3 中可以看出：关键解释变量创新投资的滞后一期 $R\&D_{-1}$ 与被解释变量现金持有 *Cashhold* 在 1% 的水平上显著正相关（0. 272***），初步表明创新投资显著提高了企业下一期的现金持有水平，符合本章假设 3 -1 的预期。所有变量中与现金持有正相关性最大的是企业上一期的创新投资，负相关性最大的是企业资产负债率。同时，主要控制变量与被解释变量之间都存在一定的相关性，说明模型中控制变量的选择基本有效。其中，企业成长性（*Growth*）、现金流量（*Cashflow*）与企业下一期的现金持有显著正相关；而企业规模（*Size*）、银行债务（*Bankdebt*）、资产负债率（*Lev*）、所有权性质（*State*）、股利支付哑变量（*Divi*）与企业下一期的现金持有水平显著负相关。

除此之外，表 3 -3 还显示，主要解释变量 *R&D* 与 *Size*、*Growth*、*Cashflow*、*Capex*、*Bankdebt*、*NWC*、*Lev*、*State* 和 *Divi* 等控制变量之间都存在着显著的相关性，那么这是否意味着回归过程会受到严重的多重共线性问题的干扰呢？为了排除这方面的担忧，本章考察了混合模型下各个变量的方差膨胀系数，结果如表 3 -4 所示。

表 3-3 模型（3-1）中主要变量的相关性检验

变量	Cashhold	R&D -1	Size -1	Growth -1	Cashflow -1	Capex -1	Bankdebt -1	NWC -1	Lev -1	State -1	Divi -1
Cashhold	1.000										
R&D -1	0.272***	1.000									
Size -1	-0.259***	-0.204***	1.000								
Growth -1	0.029***	0.048***	0.059***	1.000							
Cashflow -1	0.191***	0.109***	0.054***	0.038***	1.000						
Capex -1	0.007	0.149***	-0.042***	0.080***	0.145***	1.000					
Bankdebt -1	-0.349***	-0.275***	0.166***	0.001	-0.182***	0.133***	1.000				
NWC -1	0.154***	0.291***	-0.288***	0.005	-0.140***	-0.025***	-0.335***	1.000			
Lev -1	-0.383***	-0.353***	0.482***	0.067***	-0.153***	-0.150***	0.428***	-0.650***	1.000		
State -1	-0.144***	-0.229***	0.384***	-0.018*	0.017*	-0.120***	0.079***	-0.265***	0.341***	1.000	
Divi -1	-0.144***	-0.209***	0.315***	0.004	0.019**	-0.163***	0.068***	-0.192***	0.290***	0.243***	1.000

注：***、**、*分别表示在1%、5%、10%水平上显著。

我们从表3-4中可以看出，各变量中资产负债率 *Lev* 的 VIF 值最大，为3.31。其次是净营运资本 *NWC* 的 VIF 值，达到2.50。其余各变量的方差膨胀因子均不足2.0。之前研究表明，只要各变量最大的方差膨胀因子小于10的临界值，模型中就不存在突出的多重共线性问题。尤其是本章重点关注的主要解释变量 *R&D*，其方差膨胀因子仅为1.65，远远小于10的临界值。因此，我们认为变量间的相关性不足以产生严重的多重共线性问题，可以直接采用模型（3-1）进行回归分析。

表3-4　　模型（3-1）中主要变量的方差膨胀系数检验

变量	VIF	1/VIF
$R\&D_{-1}$	1.65	0.605
$Size_{-1}$	1.88	0.531
$Growth_{-1}$	1.07	0.933
$Cashflow_{-1}$	1.33	0.751
$Capex_{-1}$	1.27	0.786
$Bankdebt_{-1}$	1.60	0.624
NWC_{-1}	2.50	0.400
Lev_{-1}	3.31	0.302
$State_{-1}$	1.41	0.709
$Divi_{-1}$	1.29	0.774

3.3.2 创新行为对现金持有决策的影响

本章首先根据模型（3-1）对全样本进行OLS多元回归分析，模型中的解释变量与控制变量均采取滞后一期的处理方法，同时控制了行业与年度。由于HAUSMAN检验以0.01的水平拒绝了随机效应假设，因此另外采用面板数据的固定效应模型进行回归分析，以解决遗漏变量造成的内生性问题，保证结果的稳健性。

表3-5报告了企业创新投资（*R&D*）对下一期现金持有水平（*Cashhold*）的回归结果，分别采用了OLS多元回归模型与面板数据的固定效应回归模

型。当采用 OLS 模型进行回归估计时，创新投资滞后一期 *R&D* 的回归系数为0.901，在1%的水平上显著为正；当采用面板数据的固定效应模型进行回归分析时，解释变量 *R&D* 的估计系数为 1.213，同样在 1% 的水平上显著为正。解释变量创新投资对未来现金持有水平的回归系数在两个回归模型中都在 1% 的水平上显著为正，表明创新投资显著提高了企业下一期的现金持有水平。由于企业创新投入大，调整成本高昂，要求资金来源必须是稳定且充足的。企业出于预防动机，会在未来预留更多现金以保证创新投资的稳定性与持续性，表现为企业创新投资会显著增加未来现金持有。假设 3 -1 经过检验成立。

表 3 -5　　创新投资对未来现金持有水平的回归结果

变量	Cashhold OLS	Cashhold 固定效应
R&D	0.901 *** (10.92)	1.213 *** (10.98)
Size	-0.008 *** (-4.79)	-0.059 *** (-12.90)
Growth	0.013 *** (3.45)	0.001 (0.22)
Cashflow	0.173 *** (9.32)	0.144 *** (7.41)
Capex	-0.156 *** (-7.12)	-0.001 (-0.01)
Bankdebt	-0.121 *** (-15.52)	-0.026 *** (-2.28)
NWC	-0.200 *** (-16.63)	-0.137 *** (-7.72)
Leverage	-0.303 *** (-14.62)	-0.138 *** (-6.88)
State	-0.004 * (-1.74)	

续表

变量	Cashhold OLS	Cashhold 固定效应
Divi	-0.017 *** (-4.83)	-0.016 *** (-3.26)
Cons	0.576 *** (15.84)	1.538 *** (16.02)
Obs	11125	11125
Year fixed	Yes	Yes
Indus/Firm fixed	*Indus fixed*	*Firm fixed*
Adj R^2	0.299	0.113

注：***、**、* 分别表示在 1%、5%、10% 水平上显著。括号内为 t 值。

在控制变量中，只有资本投资代理变量 *Capex* 与成长性代理变量 *Growth* 在固定效应回归模型中对现金持有的影响不显著，但在 OLS 回归模型中均以 1% 的水平显著（-0.156 ***，0.013 ***）。其余控制变量无论在 OLS 回归模型，还是在固定效应回归模型中都具有较高的显著性水平，说明模型（3-1）中控制变量的选择是有效的。表 3-5 所显示的回归结果中，主要控制变量对现金持有的影响与之前的研究发现基本相符。例如，企业规模（*Size*）对现金持有水平（*Cashhold*）的回归系数显著为负，这是因为与大规模企业相比，小规模企业由于经营状况不稳定，受到更强的外部融资约束，以及易于遭受财务冲击等原因，而选择持有更多货币以保证正常的生产和经营活动；资产负债率（*Lev*）对现金持有水平（*Cashhold*）的回归系数显著为负，主要原因是企业偿还借款本息会造成下一期现金持有水平的下降；企业所有权性质（*State*）在多元混合 OLS 模型中的回归系数显著为负，表明非国有上市公司的现金持有水平显著高于国有上市公司。这一结果符合国内学者之前的研究发现：由于信贷市场上的“所有制歧视”，非国有上市公司受到更高程度的融资约束，出于预防动机而持有更多现金以应对各项支出；反之，国有上市公司由于较易获得银行贷款，故现金积累的倾向较低，通常选择持有较少的预防性现金。其余变量中，股利支付哑变量（*Divi*）对现金持有水平（*Cashhold*）的回归系数显著为负，原因是股利的支付减少了企业内部留存的现金，显著降低了企业下一期的现金持有水平。成长性（*Growth*）对现金持有水平（*Cashhold*）的回归系数显著为正，表明发展前景好的企业会留存更多现金以把握更多的成长机会，从而提高了企业下一期的现金持有水平。现金流量（*Cashflow*）对现金持有水平（*Cashhold*）的回归系数显著为正，说明企业当期的经营活动现金净流量可以直接充实下一期的现金持有，同样提高了企业下一期的现金持有水平。

3.3.3 创新行为影响现金持有的途径

本章接下来对企业创新投资影响现金持有水平的途径进行检验。首先考虑企业创新投资对现金股利政策的影响。杨兴全等（2014）、魏志华等（2012）将现金股利支付意愿（*Divi*：是否支付股利虚拟变量）与股利支付水平（*Divipay*：每股股利与每股净利润的比值）同时作为企业现金股利政策的代理变量。当被解释变量为企业股利支付意愿（是否支付股利虚拟变量 *Divi*）时，由于这一变量为二元离散变量，面板数据为非线性面板，因此参考杨兴全等（2014）的研究方法，采用 Logit 模型（模型（3－2））估计企业创新投资对现金股利支付意愿的影响。

$$Logit(Divi) = \beta_0 + \beta_1 Dummy\_RD + \sum_{i=2}^{n} \beta_i Control\ Variables_i + \varepsilon \qquad (3-2)$$

此处样本扩大至2008—2019 年沪深 A 股上市的所有非金融非 ST 类企业。模型中的关键解释变量 *Dummy_RD* 为企业是否报告创新投资虚拟变量，若企业在样本期间报告了创新投资，则 *Dummy_RD* 取值为 1，否则为 0。*Dummy_RD* 前回归系数 β_1 的大小、方向与显著性水平，是此处关注的重点，预期其显著为负。即报告了创新投资的企业与未报告企业相比，具有显著更低的现金股利支付意愿。参考已有关于企业现金股利政策的研究（魏志华等，2012；杨兴全等，2014），模型（3－2）中的控制变量包括企业规模（*Size*）、成长性（*Growth*）、经营活动现金净流量（*Cashflow*）、资产负债率（*Leverage*）、盈利能力（*ROE*）、投资机会（*TobinQ*）。除此之外，公司治理结构也会影响企业的现金股利政策，因此模型（3-2）的控制变量中还包括了治理变量如董事会规模（*Board*）、独立董事比例（*Indep*），以及第一大股东持股比例（*Top*1）等。模型中的解释变量与控制变量均进行滞后一期处理以控制内生性问题。由于 Hausman 检验先后以 1% 的水平拒绝了混合回归与随机效应的原假设，因此此处采用固定效应面板 Logit 估计。估计结果如表 3-6 所示。

表 3-6　非线性面板数据 Logit 估计结果

变量	*Divi*
Dummy_RD	-0.369*** (-2.96)
Size	1.105*** (12.98)
Growth	-0.082 (-1.13)
Cashflow	0.683 (1.47)
Leverage	0.941** (2.31)
Bankdebt	-0.019 (-0.83)
ROE	0.238 (0.52)
TobinQ	0.100*** (3.47)
Board	-0.052 (-1.05)
Indep	-1.297 (-1.02)
*Top*1	-0.037*** (-5.20)

续表

变量	*Divi*
LR Test	Chi2(10) = 286.29 Prob > Chi = 0.000
Log Likelihood	-1752.5615
Obs	9079

注：***、**、*分别表示在1%、5%、10%水平上显著。括号内为z检验值。

表3-6的Logit模型回归结果显示，解释变量*Dummy_RD*的估计系数在1%的水平上显著为负（-0.369***）。这一估计结果意味着与未报告创新投资的企业相比，报告了创新投资的企业具有显著更低的现金股利支付意愿，从而验证了创新行为对企业现金股利支付意愿具有显著的负向影响。

针对模型估计中可能存在的内生性问题，接下来本章根据企业是否报告创新投资，采用倾向得分匹配（Propensity Score Matching，简称PSM）方法估计企业是否报告创新投资对其现金股利支付意愿的影响差异。借鉴Chan和Lakonishok（2001）的做法，把报告了创新投资（R&D）的企业归类为处理组，未报告创新投资的企业归类为控制组。杨兴全等（2014）、魏志华等（2012）将现金股利支付意愿（是否支付股利虚拟变量）与股利支付水平（每股股利与每股净利润的比值）同时作为企业现金股利政策的代理变量。而企业规模、盈利能力、杠杆率、成长性等公司特征变量，以及董事会规模、独立董事比例、第一大股东持股比例等公司治理变量会对企业的现金股利政策产生影响（魏志华等，2012）。企业现金流、成长性、投资机会、负债率等变量则会影响企业创新投资（卢馨等，2013）。为保证"可忽略性假设"得到满足，本章将可能影响处理变量与结果变量的相关变量作为匹配的协变量，构建倾向得分匹配模型并计算出倾向得分值。然后按照最近邻匹配原则，为报告了创新投资（R&D）的企业一比一配对出未报告创新投资的企业。

当结果变量为企业现金股利支付意愿（是否支付股利虚拟变量）时，倾向得分匹配后的估计结果如表3-7所示。平均处理效应（ATT）是我们关注的重点：处理组与控制组的均值差异在 1% 的水平上显著为负，表明在控制了协变量差异的前提下，报告了创新投资的企业与未报告企业相比，具有显著更低的现金股利支付意愿，符合本章预期。报告了创新投资的企业更加倾向于不发放现金股利，以留存更多的内部资金支持企业的科技创新活动。这一倾向得分匹配结果成立的前提是协变量通过平衡性检验，平衡性检验结果如表 3－8 所示。

表 3－7　创新投资对现金股利支付意愿的 PSM 估计结果

	R&D 企业均值（处理组）	无 R&D 企业均值（控制组）	有－无	t 值
ATT	0.372	0.526	−0.154***	−11.88

注：***、**、* 分别表示在 1%、5%、10% 水平上显著。

表 3－8　PSM 协变量平衡性检验结果（结果变量：现金股利支付意愿）

协变量		均值		标准化偏差	t 检验	
		处理组	控制组	（% bias）	t 值	P 值
Growth	匹配前	0.176	0.211	−6.1	−3.92	0.000
	匹配后	0.176	0.180	−0.7	−0.58	0.563
Roe	匹配前	0.079	0.071	6.6	4.12	0.000
	匹配后	0.079	0.079	−0.2	−0.13	0.894
Cashflow	匹配前	0.052	0.045	7.3	4.47	0.000
	匹配后	0.052	0.052	0.5	0.40	0.687
Size	匹配前	21.872	21.997	9.6	5.79	0.000
	匹配后	21.871	21.853	2.0	1.52	0.129
Leverage	匹配前	0.404	0.531	−59.0	−35.28	0.000
	匹配后	0.404	0.402	0.7	0.52	0.603
Tobin Q	匹配前	2.439	1.963	21.8	13.20	0.000
	匹配后	2.438	2.443	−0.6	−0.44	0.663
Board	匹配前	8.783	8.995	−12.0	−7.22	0.000
	匹配后	8.783	8.799	−0.9	−0.67	0.500

续表

协变量		均值		标准化偏差	t 检验	
		处理组	控制组	(% bias)	t 值	P 值
Indep	匹配前	0.371	0.368	6.2	3.63	0.000
	匹配后	0.371	0.371	0.2	0.18	0.854
*Top*1	匹配前	35.669	36.475	-5.2	-3.15	0.002
	匹配后	35.663	35.944	-1.8	-1.35	0.176

表 3-8 的协变量平衡性检验结果显示：最近邻匹配后处理组与控制组的所有协变量的标准化偏差均低于 5%。对比匹配前，协变量的标准化偏差均有大幅度的缩减。匹配后的 t 检验结果均无法拒绝处理组与控制组无显著性差异的原假设，协变量通过平衡性检验。进行匹配后，处理组与控制组的其他特征性差异得到较大程度的消除。在这一前提下，处理组的现金股利支付意愿仍然显著低于控制组。所得结论与回归分析一致，报告了创新投资的企业具有显著更低的现金股利支付意愿，企业创新行为对现金股利支付意愿具有显著的负向影响。

为了进一步验证企业创新行为能够通过降低现金股利支付意愿增加企业的现金持有，本章接下来根据企业现金股利支付意愿的高低对初始样本进行分组回归，预期在不支付股利的样本组（*Divi* = 0）中，企业创新投资对下一期现金持有水平的影响更显著。

表 3-9 报告了根据企业现金股利支付意愿的高低进行分组后的检验结果。分组检验结果显示，当采用混合 OLS 回归模型进行估计时，创新投资（*R&D*）对企业下一期现金持有水平的回归系数在两个样本组中均在 1% 的水平上显著为正，但是在不支付股利的样本组（*Divi* = 0）中，创新投资对现金持有水平的回归系数更大；当采用面板数据的固定效应模型进行估计时，创新投资对现金持有水平的回归系数在不支付股利的样本组中显著性水平更高。以上检验结果表明企业创新投资对未来现金持有水平的影响在不支付股利的样本组（*Divi* = 0）中更显著，符合本章的预期，企业创新行为通过降低现金股利支付意愿留存更多现金，增加了企业的现金持有。

表 3－9　　根据现金股利支付意愿高低的分组检验结果

变量	OLS		固定效应	
	Divi = 0	*Divi* = 1	*Divi* = 0	*Divi* = 1
R&D	0.893***	0.811***	1.232***	0.320*
	(6.97)	(7.43)	(8.14)	(1.86)
Size	−0.002	−0.013***	−0.102***	−0.045***
	(−1.27)	(−4.54)	(−16.14)	(−11.48)
Growth	0.007*	0.009	−0.003	0.003
	(1.80)	(1.34)	(−0.54)	(0.87)
Cashflow	0.207***	0.176***	0.095***	0.148***
	(8.09)	(6.89)	(3.58)	(6.11)
Capex	−0.107***	−0.186***	0.038	0.026
	(−3.06)	(−6.62)	(1.21)	(0.73)
Bankdebt	−0.093***	−0.129***	−0.031**	−0.030**
	(−8.99)	(−11.75)	(−1.96)	(−2.14)
NWC	−0.099***	−0.269***	−0.196***	−0.097***
	(−6.78)	(−4.89)	(−7.34)	(−4.83)
Leverage	−0.188***	−0.353***	−0.120***	−0.110***
	(−12.10)	(−9.30)	(−3.91)	(−4.75)
State	0.009	−0.180***		
	(1.22)	(−3.18)		
Cons	0.348***	0.758***	1.393***	1.175***
	(9.20)	(11.22)	(16.63)	(12.62)
Obs	6232	4395	6232	4395
Year Fixed	Yes	Yes	Yes	Yes
Indus/Firm Fixed	Indus	Indus	Firm	Firm
Adj R^2	0.348	0.248	0.118	0.083

注：***、**、*分别表示在 1%、5%、10% 水平上显著。括号内为 t 值。

企业现金股利政策的第二个代理变量为现金股利支付水平（*Divipay*），计算方法是每股股利/每股净利润。此处同样采用倾向得分匹配的方法估计企业创新行为对现金股利支付水平的影响，借鉴 Chan 和 Lakonishok（2001）的做法，根据最近邻匹配原则，为报告了创新投资（R&D）的企业一比一配对出未报告创新投资的企业。由于此次匹配的结果变量为企业现金股利支付水平，因此我们在初始样本中删除了未支付股利的观测值。同时根据杨兴全等（2014）、魏志华等（2012）的研究，匹配时的结果变量：现金股利支付水平与股利支付意愿都是企业现金股利政策的代理变量，处理变量仍为企业是否在样本期间报告创新投资（R&D），因此在做倾向得分匹配估计企业创新对现金股利支付水平的影响时，选择的协变量与前文保持一致（见表3－8）。表3－10报告了匹配后的估计结果：处理组企业的平均现金股利支付水平在10%的水平上显著低于控制组（－0.060*）。这一结果意味着与未报告创新投资的企业相比，报告了创新投资的企业具有显著更低的现金股利支付水平。倾向得分匹配估计结果成立的前提是处理组与控制组的协变量通过平衡性检验，协变量平衡性检验结果如表3－11所示。

表3－10　创新投资对现金股利支付水平的PSM估计结果

	R&D企业均值（处理组）	无R&D企业均值（控制组）	有－无	t值
ATT	0.281	0.341	－0.060*	－1.80

注：***、**、*分别表示在1%、5%、10%水平上显著。

表3－11　PSM协变量平衡性检验结果（结果变量：现金股利支付水平）

协变量		均值		标准化偏差	t检验	
		处理组	控制组	（%bias）	t值	P值
Growth	匹配前	0.197	0.206	－1.6	－0.69	0.492
	匹配后	0.196	0.197	－0.2	－0.08	0.937
Roe	匹配前	0.081	0.072	7.5	3.18	0.001
	匹配后	0.081	0.084	－2.5	－1.25	0.213
Cashflow	匹配前	0.054	0.046	7.8	3.33	0.001
	匹配后	0.054	0.056	－2.2	－1.01	0.313
Size	匹配前	22.451	22.171	19.9	8.32	0.000
	匹配后	22.451	22.419	2.3	0.98	0.327

续表

协变量		均值		标准化偏差	t 检验	
		处理组	控制组	(% bias)	t 值	P 值
Leverage	匹配前	0.480	0.553	-36.2	-15.11	0.000
	匹配后	0.480	0.480	0.0	0.02	0.986
TobinQ	匹配前	1.978	1.716	14.2	5.95	0.000
	匹配后	1.976	2.031	-3.0	-1.30	0.192
Board	匹配前	9.032	9.138	-5.7	-2.36	0.018
	匹配后	9.035	9.066	-1.7	-0.78	0.436
Indep	匹配前	0.372	0.366	11.1	4.57	0.000
	匹配后	0.372	0.373	-1.6	-0.69	0.487
Top1	匹配前	35.280	34.877	2.6	1.07	0.283
	匹配后	35.284	35.042	1.5	0.70	0.483

表 3-11 的协变量平衡性检验结果显示：匹配后两组样本的所有协变量的标准化偏差均低于 5%。与匹配前相比，各标准化偏差均有大幅度的缩减。t 检验结果显示：对于可能影响处理变量和结果变量的所有协变量，匹配前处理组与控制组企业在若干方面存在差异，匹配后的处理组与控制组不存在显著性差异，协变量通过平衡性检验。

根据倾向得分匹配的估计结果，报告了创新投资的企业具有显著更低的现金股利支付水平。为了进一步验证企业创新通过减少现金股利的支付增加了企业的现金持有，本书接下来根据企业现金股利支付水平的高低进行分组回归。将现金股利支付率（每股股利/每股净利润）高于年度行业中位数的企业归类为股利支付水平高的样本组，低于中位数的企业归类为股利支付水平低的样本组。预期在现金股利支付水平低的样本组中，创新投资对未来现金持有水平的影响更显著。需要说明的是，与前文的数据处理方法保持一致，我们在分组检验的初始样本中删除了未支付股利的观测值。

表 3-12 的分组检验结果显示，创新投资对企业下一期现金持有水平的估计系数虽然均显著为正，但是在现金股利支付水平低的样本组中估计

系数更大，并且显著性水平更高。这一检验结果符合本章的预期，表明企业创新投资对下一期现金持有水平的影响在股利支付水平低的样本组中更显著，企业创新投资通过减少现金股利的支付留存更多现金，增加了企业的现金持有。

表 3 – 12　　　　根据现金股利支付水平高低的分组检验结果

变量	OLS		固定效应	
	支付水平高	支付水平低	支付水平高	支付水平低
R&D	0.812***	0.914***	0.134**	0.769***
	(4.60)	(4.85)	(2.45)	(3.21)
Size	0.001	−0.005**	−0.067***	−0.036***
	(0.05)	(−2.17)	(−8.77)	(−3.72)
Growth	0.005	0.008	0.009*	0.001
	(0.72)	(1.56)	(1.95)	(0.03)
Cashflow	0.322***	0.092***	0.119***	0.235***
	(8.51)	(2.58)	(3.15)	(6.09)
Capex	−0.165***	−0.073	0.082	0.026
	(−3.20)	(−1.52)	(1.49)	(0.46)
Bankdebt	−0.110***	−0.068***	−0.010	−0.030
	(−6.79)	(−4.84)	(−0.44)	(−1.28)
NWC	−0.119***	−0.082***	−0.063**	−0.107***
	(−5.22)	(−4.23)	(−2.13)	(−3.02)
Leverage	−0.210***	−0.164***	−0.101***	−0.090**
	(−8.63)	(−7.74)	(−2.97)	(−2.15)
State	0.005	0.013**		
	(0.76)	(2.19)		
Cons	0.300***	0.406***	1.653***	1.052***
	(4.96)	(7.91)	(10.27)	(5.00)
Obs	1834	2160	1834	2160
Year Fixed	Yes	Yes	Yes	Yes
Indus/Firm Fixed	Indus	Indus	Firm	Firm
Adj R^2	0.317	0.193	0.145	0.091

注：***、**、*分别表示在1%、5%、10%水平上显著。括号内为t值。

以上检验结果显示，在控制了其他特征差异的前提下，报告了创新投资的企业与未报告创新投资的企业相比，具有显著更低的现金股利支付意愿与现金股利支付水平。同时，企业创新投资对未来现金持有水平的影响，在不支付股利以及股利支付水平低的样本组中更显著。表明企业为了满足创新投资的资金需求，倾向于不支付现金股利或支付更少的现金股利，以为创新投资留存充足的现金，增加企业的现金持有。假设3－2经过检验成立。

关于商业信用的使用对企业现金持有水平的影响，学者们得到了较为一致的结论：一方面，商业信用水平的提高意味着企业的应付预收款增多，占用商业伙伴的资金增加，从而提高了企业的现金持有水平（吴士农，2008）；另一方面，商业信用作为短期负债的一种，它的增加给企业带来了更大的还本付息压力，企业为了避免陷入财务危机而保持更高水平的现金持有。因此商业信用水平越高，企业的现金持有量越多（罗进辉和万迪昉，2008）。企业创新由于普遍受到信贷约束，倾向于通过增加商业信用的使用推迟付款，占用更多资金，增加企业的现金持有，以保障企业创新的资金需求。胡海青等（2015）认为企业创新由于在信贷市场上获得的资金有限，会尽可能地利用商业信用融资，以补充企业资金的不足。同时供应商由于掌握更多有关企业生产与经营的信息，信息不对称程度较弱，易于与企业结成“创新同盟”。技术信息的溢出效应使供应商愿意为企业创新提供商业信用，有利于企业创新获得低成本的商业信用融资。基于此，本章预期企业创新能够通过增加商业信用的使用提高企业的现金持有水平。

为了验证本章提出的第三个假设：创新投资会显著提高企业的商业信用水平，企业创新通过增加商业信用的使用占用更多资金，增加了企业的现金持有，本章此处参考已有研究，首先通过回归分析检验企业创新投资对商业信用水平的影响（模型（3－3））。为了剔除遗漏变量造成的内生性问题，我们在回归模型中另外控制了公司固定效应。模型中的解释变量与控制变量均采取滞后一期的处理方法，以控制互为因果的内生性问题（魏志华等，2014）。参考张崧楠等（2019）、魏志华等（2014）、陆正飞和杨德明（2011）的研究，被解释变量商业信用水平（*Credit*）采用“（应付账款+应付票据+预收账款）/总资产”度量。模型中的控制变量包括企业规模（*Size*）、成长性（*Growth*）、现金流量（*Cashflow*）、银行债务（*Bankdebt*）、盈利能力（*Roa*）、资产有形性（*PPE*），以及企业所有权性质（*State*）等。在稳健性检验中为了进一步控制内生性问题，本章另外采用倾向得分匹配的方法估计企业是否报告创新投资对商业信用水平的影响。

$$Credit_{i,t} = \gamma_0 + \gamma_1 \times R\&D_{i,t-1} + \gamma_i \times Controls_{i,t-1} + Fixedeffects + \delta_{i,t} \quad (3-3)$$

表3-13报告了企业创新投资对商业信用水平的回归结果。第（1）列为控制了行业与年度固定效应的回归结果，创新投资滞后一期（*R&D*）对商业信用水平（*Credit*）的估计系数为0.166，在1%的水平上显著为正；第（2）列报告了控制公司固定效应后的回归结果，创新投资（*R&D*）对商业信用水平（*Credit*）的估计系数依然显著为正（0.085**）。两部分的回归分析结果显示，创新投资会显著提高企业下一期的商业信用水平。为了进一步检验企业创新通过增加商业信用的使用提高了企业的现金持有水平，本章接下来根据商业信用水平的高低对初始样本进行分组检验：将商业信用水平高于年度行业中位数的企业归类为商业信用水平高的样本组，低于年度行业中位数的企业归类为商业信用水平低的样本组。

表3-13　企业创新投资对商业信用水平的回归结果

变量	Credit OLS	Credit 固定效应
R&D	0.166*** (3.35)	0.085** (2.05)
Size	0.024*** (16.97)	0.007*** (4.44)
Growth	0.021*** (9.19)	0.010*** (7.66)
Cashflow	-0.012 (-1.07)	0.043*** (5.91)

续表

变量	Credit OLS	Credit 固定效应
Bankdebt	-0.129 *** (-8.83)	-0.043 *** (-5.57)
Roa	-0.381 *** (-9.26)	-0.145 *** (-6.20)
PPE	0.078 *** (11.59)	0.049 *** (7.68)
State	0.024 *** (11.20)	
Cons	-0.354 *** (-16.67)	0.008 (1.23)
Obs	11087	11087
Year fixed	Yes	Yes
Indus/Firm fixed	*Indus fixed*	*Firm fixed*
Adj R^2	0.374	0.044

注：***、**、* 分别表示在 1%、5%、10% 水平上显著。括号内为 t 值。

表 3-14 的分组检验结果显示，虽然创新投资对企业下一期现金持有水平的回归系数始终在 1% 的水平上显著为正，但是在商业信用水平高的样本组中，这一回归系数更大。回归分析与分组检验的结果表明企业创新通过增加商业信用的使用占用更多资金，显著增加了企业下一期的现金持有。假设 3-3 经过检验成立。同时商业信用作为短期负债的一种，它的增加也意味着企业承担着更大的还本付息的压力，此时企业会为高风险的创新行为储备更多现金以避免创新失败使企业陷入支付危机，从而显著增加了企业的现金持有。

表 3-14　根据企业商业信用水平高低的分组检验结果

变量	OLS		固定效应	
	信用水平高	信用水平低	信用水平高	信用水平低
R&D	0.982 *** (10.14)	0.887 *** (6.67)	1.284 *** (6.43)	0.840 *** (6.64)

续表

变量	OLS		固定效应	
	信用水平高	信用水平低	信用水平高	信用水平低
Size	0.001	-0.017***	-0.086***	-0.050***
	(0.23)	(-6.16)	(-9.41)	(-10.00)
Growth	0.017***	0.010	-0.002	0.008**
	(4.06)	(1.48)	(-0.23)	(2.14)
Cashflow	0.157***	0.167***	0.167***	0.071***
	(7.15)	(5.66)	(4.78)	(3.21)
Capex	-0.209***	-0.099***	0.055	-0.068**
	(-7.77)	(-2.92)	(1.33)	(-2.21)
Bankdebt	-0.131***	-0.133***	-0.035*	-0.017
	(-12.97)	(-10.54)	(-1.89)	(-1.18)
NWC	-0.174***	-0.205***	-0.143***	-0.096***
	(-12.49)	(-10.25)	(-4.51)	(-4.60)
Leverage	-0.270***	-0.235***	-0.052	-0.149***
	(-17.37)	(-10.73)	(-1.45)	(-6.18)
State	0.001	-0.007		
	(0.18)	(-1.18)		
Divi	-0.005	-0.030***	-0.028***	-0.004
	(-1.45)	(-5.09)	(-3.06)	(-0.72)
Cons	0.405***	0.739***	1.074***	1.355***
	(10.03)	(11.81)	(10.87)	(12.95)
Obs	5656	5469	5656	5469
Year Fixed	Yes	Yes	Yes	Yes
Indus/Firm Fixed	Indus	Indus	Firm	Firm
Adj R^2	0.295	0.312	0.108	0.125

注：***、**、*分别表示在1%、5%、10%水平上显著。括号内为t值。

3.3.4 稳健性检验

(1) 采用动态面板数据控制内生性问题

郭蕾和肖有智（2016）指出，动态面板回归模型通过纳入被解释变量的滞后一期，能够较好地克服遗漏变量和反向因果问题，从而较好地控制内生性问题对研究结论的干扰。为此，在针对内生性问题的处理上，本章首先参考相关文献，构建动态面板回归模型（3－4），借鉴鞠晓生、卢荻和虞义华（2013）的研究方法，使用一阶差分 GMM 的方法对参数进行估计。

$$Cashhold_{i,t} = \beta_0 + \rho \times Cashhold_{i,t-1} + \beta_1 \times R\&D_{i,t} + \beta_i \times Controls_{i,t} + \gamma_t + \mu_i + \varepsilon_{i,t} \tag{3-4}$$

采用这一估计方法的好处在于：一方面可以通过差分控制不可观测到的个体效应，另一方面由滞后期的解释变量与被解释变量充当工具变量能够克服模型设定中的内生性问题（吴淑娥等，2016）。特别需要注意的是，采用 GMM 进行估计的前提是扰动项的差分不存在二阶自相关，即满足扰动项无自相关的前提假设，为此需要对模型进行序列相关检验。同时由于使用了工具变量，还需对工具变量进行过度识别检验，报告 Sargan 检验结果。为使结果更加稳定，GMM 模型采用稳健标准误确定系数显著性水平。

表 3－15 的动态面板回归模型估计结果显示，扰动项差分 $\Delta\varepsilon_{it}$ 的序列相关检验的 p 值为 0.500，意味着在 10% 的显著性水平下无法拒绝“扰动项无自相关”的原假设，满足使用 GMM 估计方法的前提。过度识别检验 Sargan 的 p 值为 0.579，意味着在 10% 的显著性水平下无法拒绝“所有工具变量均有效”的原假设，模型不存在过度识别问题。

表 3－15　　动态面板回归模型估计结果

变量	Cashhold
$Cashhold_{i,t-1}$	0.280***
	(4.10)
R&D	1.470***
	(4.05)
Size	0.174
	(1.11)
Growth	0.012
	(1.28)

续表

变量	Cashhold
Cashflow	0.275*** (5.54)
Capex	0.014 (0.25)
Bankdebt	-0.019 (-0.83)
NWC	-0.507*** (-12.74)
Leverage	-0.768*** (-12.02)
Divi	-0.007 (-0.96)
Cons	1.687*** (8.25)
Obs	8956
AR（2）	0.500
Sargan	0.579

注：***、**、*分别表示在1%、5%、10%水平上显著，括号内为z值。AR（2）的原假设为"扰动项的差分不存在二阶自相关"，表中列示的数据为二阶自相关检验的p值；Sargan检验的原假设为"所有工具变量均有效"，表中列示的数据为过度识别检验的p值。

动态面板回归模型（3-4）中，本章关注的重点仍然是*R&D*前的回归系数β_1。模型中通过纳入被解释变量的滞后一期，较好地克服了遗漏变量与反向因果等内生性问题（郭蕾和肖有智，2016）。在这一前提下，*R&D*前的回归系数β_1仍然在1%的水平上显著为正，这一结果表明创新投资显著提高了企业的现金持有水平，与前文研究结论保持一致，假设3-1通过稳健性检验。

（2）采用工具变量法控制内生性问题

考虑到企业创新投资与现金持有水平之间可能存在的互为因果的内生性问题，在前文的回归分析中，解释变量与控制变量均采取了滞后一期处理。为了进一步控制这一内生性问题，此处采用 Heckman 两阶段估计来对结果进行稳健性检验。本章先后选取了两个工具变量：第一，参考余明桂等（2013）的研究方法，选择同行业中其他企业在同一年份创新投资的平均值 *R&D_ind* 作为 *R&D* 的工具变量，进行第一阶段的估计。然后，将第一阶段得到的结果加入到第二阶段的回归方程中进行估计。选择这一工具变量的理由是，同行业同一年度其他企业的创新投资水平，会影响本企业的创新投资，但不会对本企业的现金持有水平产生影响。第二，参考虞义华等（2018）的处理方法，选择前三期企业创新投资变量 *L3_R&D* 作为解释变量 *R&D* 的工具变量。选择这一工具变量的理由是，由于创新行为的延续性，前三期企业的创新投资与企业当期的创新投入水平正相关，但是与当期的现金持有水平则关系较小，因此满足工具变量的选择条件。

表 3－16 与表 3－17 显示了 Heckman 两阶段估计结果。在表 3－16 的第一阶段估计中，工具变量 *R&D_ind* 的估计系数显著为正（0.801***），表明同行业其他企业同一年度创新投资的平均水平，的确显著影响了本企业的创新投资水平。第二阶段的估计结果显示，创新投资对现金持有水平的估计系数为 0.882，并且仍然在 1% 的水平上显著为正，这一结果符合本书的预期。表 3－17 所示的第一阶段估计中，创新投资滞后三期变量 *L3_R&D* 对当期创新投资的估计系数显著为正（0.505***）。在第二阶段的估计中，创新投资对现金持有水平的回归系数显著为正（0.870***）。表 3－16 与表 3－17 的估计结果显示，在采用面板工具变量估计控制了反向因果的内生性问题后，创新投资依然显著提高了企业下一期的现金持有水平。假设 3－1 通过稳健性检验。

表 3－16　　Heckman 两阶段估计结果（Instrument：*R&D_ind*）

变量	R&D	Cashhold
R&D		0.882*** (5.77)
R&D_ind	0.801*** (10.69)	
Control Variables	Control	Control

续表

变量	R&D	Cashhold
Obs	11060	11060
Year fixed	Yes	Yes
Indus fixed	Yes	Yes
Adj R^2	0.567	0.304

注：***、**、*分别表示在1%、5%、10%水平上显著。括号内为t值。

表3-17　Heckman两阶段估计结果（Instrument：*L3_R&D*）

变量	R&D	Cashhold
R&D		0.870*** (4.75)
L3_R&D	0.505*** (9.66)	
Control Variables	Control	Control
Obs	7180	7180
Year fixed	Yes	Yes
Indus fixed	Yes	Yes
Adj R^2	0.603	0.242

注：***、**、*分别表示在1%、5%、10%水平上显著。括号内为t值。

（3）采用倾向得分匹配法控制内生性问题

本章进一步采用倾向得分匹配法（PSM）排除由于样本选择性偏误对本章研究结论造成的影响。此处样本扩大至2008—2019年沪深A股上市的所有非金融非ST类企业。借鉴Chan和Lakonishok（2001）的做法，本章把报告了创新投资的企业归类为处理组，未报告创新投资的企业归类为控制组。根据已有研究，企业规模、成长性、现金流、资产负债率、投资机会均对企业创新投资有一定影响，本章基于以上变量构建倾向得分匹配模型，并计算出倾向得分值。然后按照最近邻匹配原则，为有创新投资企业一比一配对出无创新投资企业。通过表3-18的配对分析发现，在控制了其他变量选择性差异的基础上，报告了创新投资企业的平均现金持有水平（*Cashhold*）仍然在1%的水平上显著高于未报告企业的平均值（0.049***），本章的研究结论依然稳健。表3－19的平衡性检验结果显示：匹配后处理组与控制组所有协变量的标准化偏差均低于5%。与匹配前相比，处理组样本与控制组样本的特征性差异得到较大程度的消除。t检验结果显示无法拒绝处理组与控制组不存在显著性差异的原假设，所有协变量都通过了平衡性检验，匹配有效。

表3－18　　创新投资对现金持有水平的PSM估计结果

	R&D企业均值（处理组）	无R&D企业均值（控制组）	有－无	t值
ATT	0.278	0.229	0.049***	7.99

注：***、**、*分别表示在1%、5%、10%水平上显著。

表3－19　　PSM协变量的平衡性检验结果（结果变量：现金持有水平）

协变量		均值		标准化偏差	t检验	
		处理组	控制组	（%bias）	t值	P值
Growth	匹配前	0.176	0.214	－6.7	－4.41	0.000
	匹配后	0.176	0.181	－0.9	－0.74	0.460
Cashflow	匹配前	0.052	0.045	6.8	4.29	0.000
	匹配后	0.052	0.050	2.0	1.54	0.124
Size	匹配前	22.451	22.171	19.9	8.32	0.000
	匹配后	22.451	22.419	2.3	0.98	0.327
Leverage	匹配前	0.407	0.532	－36.2	－25.58	0.000
	匹配后	0.407	0.410	－1.3	－1.03	0.303
TobinQ	匹配前	2.427	1.974	20.7	12.86	0.000
	匹配后	2.427	2.462	－1.6	－1.22	0.224

（4）替换度量指标

为保证本章研究结论的稳健性，我们替换了主要变量的度量指标：用超额现金持有替代原回归模型（3－1）中的现金持有水平。超额现金持有的计算方法为：参考杨兴全等（2009）、卢馨等（2013）的研究，采用全样本数据，通过模型（3－5）估计正常现金持有水平。

$$Cash = Cashflow + Capex + Size + TobinQ + Divi + Bankdebt + NWC + Leverage + \sum Year + \sum Industry \quad (3-5)$$

当公司的实际现金持有水平超过该正常值时，超出部分即为超额现金持有水平，记为 $\Delta Cashhold$。然后，用 $\Delta Cashhold$ 作为被解释变量放入原回归方程中进行稳健性检验，检验结果见表 3－20。结果显示：创新投资滞后一期（*R&D*）对超额现金持有水平（$\Delta Cashhold$）的回归系数均显著为正（0.756***，0.967***）。这一结果表明无论是采用 OLS 估计模型，还是固定效应回归模型，创新投资都显著提高了企业下一期的超额现金持有水平。本章假设 3－1 得到验证。

表 3－20　　采用超额现金持有的稳健性检验

变量	ΔCashhold OLS	ΔCashhold 固定效应
R&D	0.756*** (8.38)	0.967*** (8.16)
Control Variables	Control	Control
Obs	11125	11125
Yearfixed	Yes	Yes
Indus/Firm fixed	*Indus fixed*	*Firm fixed*
Adj R^2	0.174	0.029

注：***、**、* 分别表示在 1%、5%、10% 水平上显著。括号内为 t 值。

（5）更改样本

回归模型（3－1）中所采用的样本数据剔除了未披露研发费用的上市公司，为了对该问题有一个更加全面完整的把握，此处的稳健性检验将样本扩大至 2008—2019 年沪深 A 股上市的所有非金融非 ST 类企业，重新进行混合 OLS 与固定效应回归分析，结果如表 3－21 所示。在全样本分析中，虽然创新投资对现金持有水平的回归系数与前文相比有所减小，但依然在 1% 的水平上显著为正，表明创新投资显著提高了所有非金融类上市企业的现金持有水平，结论未受样本选择的影响，与前文保持一致。假设 3－1 通过稳健性检验。

表 3－21　　采用全部上市公司为研究对象的稳健检验

变量	Cashhold OLS	Cashhold 固定效应
R&D	0.802 *** (10.14)	1.099 *** (9.97)
Size	－0.008 *** (－5.60)	－0.060 *** (－11.48)
Growth	0.007 *** (2.71)	0.004 * (1.67)
Cashflow	0.179 *** (9.55)	0.140 *** (8.81)
Capex	－0.122 *** (－6.19)	0.008 (0.37)
Bankdebt	－0.124 *** (－8.48)	－0.020 ** (－2.04)
NWC	－0.145 *** (－14.92)	－0.097 *** (－6.75)
Leverage	－0.232 *** (－13.09)	－0.136 *** (－8.30)
State	－0.006 * (－1.94)	
Divi	－0.018 *** (－5.92)	－0.016 *** (－3.56)
Cons	0.520 *** (16.56)	1.562 *** (10.42)
Obs	14349	14349
Year fixed	Yes	Yes
Indus/Firm fixed	*Indus fixed*	*Firm fixed*
Adj R^2	0.272	0.098

注：***、**、*分别表示在1%、5%、10%水平上显著。括号内为t值。

（6）采用Change模型的稳健检验

在回归分析部分，本章通过方差膨胀系数检验初步排除了严重的多重共线性问题对研究结论的干扰。为了进一步控制变量之间的多重共线性问题，此处采用 Change 模型进行稳健性检验。对模型中所有变量取一阶差分，形成新的变量面板，然后进行混合 OLS 回归。原因是原面板数据包含时间维度，一阶差分的处理可以消除因共同时间趋势导致的相关性，削弱变量之间的多重共线性。回归结果如表 3－22 所示，虽然核心变量创新投资一阶差分 D*R&D* 的系数大小与模型（3－1）中 *R&D* 的回归系数相比有差别，但是依然在 1% 的水平上与被解释变量 D*Cashhold* 显著正相关，符合我们的预期。这一结果表明创新投资的变化量可以解释企业现金持有水平的变化量，创新投资的变化能够引起企业现金持有水平的同方向变化。假设 3－1 通过检验。

表 3－22　　Change 模型估计结果

	D*Cashhold*	D*Cashhold*
D *R&D*	0.811***	0.750***
	(6.66)	(10.23)
D*Control Variables*	Control	Control
Obs	11125	11125
Year fixed	No	No
Indus fixed	No	Yes
Adj R^2	0.391	0.368

注：***、**、* 分别表示在 1%、5%、10% 水平上显著。括号内为 t 值。

（7）关于影响途径的稳健性检验

前文已先后通过非线性面板 Logit 估计与倾向得分匹配的方法检验证实创新投资通过降低企业的现金股利支付意愿与支付水平，增加企业的现金持有。报告了创新投资的企业与未报告企业相比，具有显著更低的现金股利支付意愿与支付水平。稳健性检验中，我们将考虑创新投资对企业留存收益率的影响。由于留存收益率 = 1 － 现金股利支付率，若原结论成立，那么预期创新投资将显著提高企业留存收益率。

此处采用倾向得分匹配的估计方法检验企业是否报告创新投资对留存收益率的影响。预期与未报告创新投资的企业相比，报告了创新投资的企业将具有显著更高的留存收益率。首先根据企业是否在样本期间报告创新投资这一虚拟变量对所有协变量进行回归，得到各观测值的得分。参考已有研究，选择的协变量包括成长性（*Growth*）、盈利能力（*Roe*）、现金流量（*Cashflow*）、企业规模（*Size*）、资产负债率（*Leverage*）、投资机会（*TobinQ*）、董事会规模（*Board*）、独立董事比例（*Indeprate*）、第一大股东持股比例（*Top*1）等。然后根据这个分数，按照最近邻匹配原则为报告了创新投资的企业一比一配对出未报告企业。

表 3－23 的倾向得分匹配估计结果显示，当结果变量为企业留存收益率时，处理组与控制组的均值差异在 1% 的水平上显著为正（0.176***）。这一结果表明报告了创新投资的企业（处理组）与未报告企业（控制组）相比，具有显著更高的留存收益率。企业创新通过减少现金股利的支付以留存更多现金，从而提高了企业的现金持有水平。原结论通过稳健性检验。同时，表 3－24 的协变量平衡性检验结果显示，匹配前处理组与控制组的样本在很多方面存在显著性差异，匹配后两组样本的标准化偏差缩小至 5% 以内。t 检验结果显示，匹配后两组样本在所有协变量上均不存在显著性差异，表明匹配有效，满足进行倾向得分匹配估计的前提条件。

表 3－23　创新投资对企业留存收益率的 PSM 估计结果

	R&D 企业均值（处理组）	无 R&D 企业均值（控制组）	有－无	t 值
ATT	0.672	0.496	0.176***	2.65

注：***、**、* 分别表示在 1%、5%、10% 水平上显著。

表 3－24　PSM 协变量的平衡性检验结果（结果变量：留存收益率）

协变量		均值		标准化偏差	t 检验	
		处理组	控制组	（% bias）	t 值	P 值
Growth	匹配前	0.210	0.230	−3.5	−1.43	0.152
	匹配后	0.209	0.199	1.6	0.76	0.446
Roe	匹配前	0.094	0.098	−4.4	−1.77	0.077
	匹配后	0.094	0.093	1.4	0.65	0.515

续表

协变量		均值		标准化偏差	t 检验	
		处理组	控制组	(% bias)	t 值	P 值
Cashflow	匹配前	0. 056	0. 051	5. 9	2. 42	0. 015
	匹配后	0. 056	0. 054	2. 3	1. 06	0. 291
Size	匹配前	22. 478	22. 281	14. 2	5. 70	0. 000
	匹配后	22. 478	22. 481	-0. 2	-0. 10	0. 923
Leverage	匹配前	0. 472	0. 541	-35. 2	-14. 14	0. 000
	匹配后	0. 472	0. 470	0. 8	0. 36	0. 722
TobinQ	匹配前	1. 982	1. 632	19. 9	7. 94	0. 000
	匹配后	1. 975	1. 978	-0. 2	-0. 07	0. 945
Board	匹配前	9. 036	9. 134	-5. 2	-2. 10	0. 036
	匹配后	9. 037	9. 044	-0. 4	-0. 17	0. 864
Indep	匹配前	0. 372	0. 366	10. 2	4. 04	0. 000
	匹配后	0. 372	0. 372	-0. 5	-0. 23	0. 816
*Top*1	匹配前	35. 571	35. 664	-0. 6	-0. 24	0. 811
	匹配后	35. 572	35. 508	0. 4	0. 18	0. 854

3. 4　本章小结

当前有关企业创新的研究较为集中地探讨了企业创新的调整成本问题，指出创新行为的典型特征之一即高昂的调整成本。若创新过程中无法保证资金投入的平稳性，造成创新投资路径的改变，将有可能导致技术人员流失，关键信息泄露，创新效率下降等一系列问题。因此，确保资金来源的稳定，保证创新投资的平滑，避免高昂的调整成本，就成了企业创新政策的一个重要方面。内部资金是企业创新的主要资金来源。而有关企业财务决策影响因素的研究则主要关注了企业规模、成长性、盈利能力、代理问题、治理结构、风险与不确定性，以及融资约束、外部市场与制度环境对企业财务决策的影响，但却鲜有文献将企业创新行为作为财务决策的影响因素，检验创新行为对我国上市企业现金持有策略的影响。基于此，本章首先从创新投入的角度，根据现金持有的预防性动机以及投资组合理论，对企业创新投资与现金持有水平之间的关系进行了检验，并进一步探讨了企业创新投资影响现金持有水平的作用途径（见图3－1）。

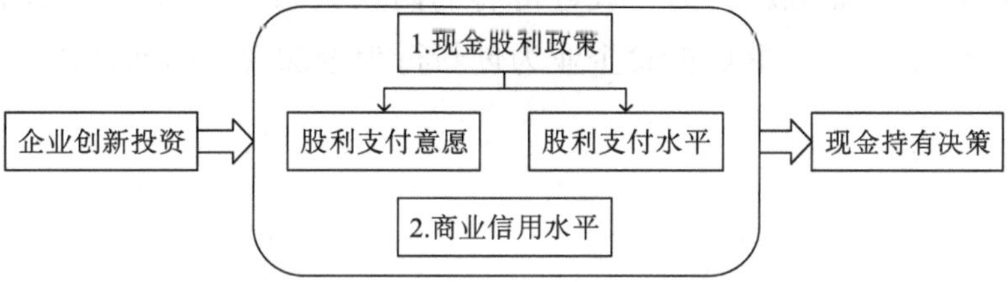

图3－1　企业创新投资对现金持有决策的影响路径

本章以2008—2017年全部非金融类上市企业为研究样本，先后采用多元混合OLS模型与控制公司固定效应回归模型，实证检验了企业创新投资对未来现金持有水平的影响。检验结果表明，创新投资会显著提高企业下一期的现金持有水平。出于预防性动机，企业会为创新投资增加现金持有以避免高昂的调整成本，保障企业创新的资金需求。进一步检验发现，创新投资显著降低了企业的现金股利支付意愿与股利支付水平，显著提高了企业的商业信用水平。企业创新通过减少现金股利的支付与增加商业信用的使用来保留更多现金，从而提高了企业的现金持有水平。在针对内生性问题的处理上，本章先后采用动态面板回归模型、工具变量法以及倾向得分匹配法进行稳健性检验，以控制遗漏变量、反向因果以及样本选择偏误等内生性问题对研究结论的干扰。另外采用了替换度量指标，更改分析样本等多种稳健性检验方法，以保证本章主要研究结论的可靠。

本章的创新之处在于：第一，已有文献大多关注企业创新的典型特征及其对内部资金的依赖性，但却鲜有文献发现企业创新行为会显著影响企业的现金持有决策。第二，在当前有关企业财务决策影响因素的研究发现中，已有文献关注了创新投资对企业融资策略以及现金股利政策的影响，但未有文献以我国上市企业数据为样本，检验企业整体的创新行为对现金持有决策的影响，以及创新行为对现金持有决策的影响途径。本章首先从创新行为中创新投入的角度，检验发现创新投资显著提高了企业下一期的现金持有水平。进一步检验发现，创新投资显著降低了企业的现金股利支付意愿与支付水平，提高了企业的商业信用水平，从而增加了企业的现金持有。本章的研究发现丰富了有关创新行为影响企业现金持有策略的研究发现，揭示了企业创新行为与现金持有的内在关系。本书下一章将在本章研究发现的基础上，重点检验企业为创新行为增加现金持有的决策动机。

第 4 章

企业科技创新影响现金持有决策的动机分析

根据凯恩斯（1936）提出的预防性现金持有动机，企业为了应对未来现金流的不确定性以及发生财务危机的可能性而持有现金。科技创新始终伴随着高风险性，企业为了保障创新投入的平稳，避免高昂的调整成本而预留现金，创新投入越多的企业会预留更多现金。本书上一章的研究已经证明创新投资会显著提高企业下一期的现金持有水平。本章将通过分析外部融资约束、企业风险承担水平、行业竞争程度对创新投资与现金持有之间关系的影响，试图进一步识别出企业为科技创新增加现金持有的决策动机：第一，缓解外部融资约束的影响。由于科技创新本身受到融资约束，融资约束对于企业创新具有显著的抑制作用。外部融资受限的企业预期将为创新投资储备更多现金以缓解融资约束对企业创新的消极影响，从而进一步提高了企业的现金持有水平。第二，平衡企业整体风险。风险承担水平高的企业预期将为高风险的创新行为匹配更多无风险的现金资产以平衡风险，避免企业因过度承担风险而陷入财务困境，从而强化了企业创新投资对现金持有水平的影响。第三，应对激烈的行业竞争。预期在竞争激烈的行业中，科技创新更具战略作用，企业将为创新投资提供更多的现金持有以保持创新的持续性，通过不断创新获得竞争优势，同样强化了企业创新投资对现金持有水平的影响。

首先，由于缺乏抵押担保品，信息不对称，以及周期长风险大等原因，企业科技创新的融资较一般融资更为困难，普遍受到更高程度的融资约束。融资约束是影响企业创新投资与创新产出的重要因素。由于外部融资途径受限，创新活动依赖内部资金，经济学家们普遍认为内部资金是企业创新投资的重要决定因素（刘万丽，2018）。唐清泉等（2009）通过研究企业创新投资与内部资金之间的关系，发现创新行为因其特殊性造成企业与外界严重的信息不对称，进而更多依赖企业内部资金进行支持。袁东任和汪炜（2015）发现由于具有风险大、周期长和调整成本高等特性，相比于其他投资项目，创新投资更易受到外部融资约束的制约，因此在资金来源上更加倚重于内部资金，更需要通过现金持有提供资金支持。刘立（2003）的分析表明，内部金融资源的匮乏，会制约企业支持创新活动的能力。Guariglia（2014）也发现中国企业的创新活动受到内部资金的限制，并且在民营企业与小规模企业中表现最为突出。连玉君和彭方平（2010）通过考察融资约束对上市公司流动性管理的影响发现，融资约束会使企业出于预防性动机，而将更多的现金流以现金及现金等价物的方式留存企业内部。

当前国内外已有大量研究关注企业创新所受到的融资约束问题，却未有文献检验证实企业为缓解外部融资约束的影响而为创新投资储存更多现金，从而提高了企业的现金持有水平。本章相关的实证分析部分通过在回归模型中引入创新投资与融资约束代理变量的交乘项，考察融资约束是否强化了企业创新投资对未来现金持有水平的影响，从而检验上述预测能否成立。

其次，管理者与股东具有不完全相同的利益目标与效用曲线，两者对待风险的态度也不相同。股东可以分散投资于多家公司以降低风险，而管理者的人力资本、财富与个人声誉大多集中于一家公司，无法通过分散投资的方式降低风险，因此管理者与股东相比具有更高的风险厌恶程度。企业过度的风险承担行为不仅会加大风险管控成本，提高外部融资成本，还加大了企业破产的风险，危及管理者自身职位安全。因此管理者在决策过程中，只希望企业承担有限度的、合理水平的风险。对于风险承担水平高的企业，盈利波动剧烈，管理者出于平衡风险的动机，会为企业高风险的创新行为匹配更多无风险的现金资产以避免创新失败使企业陷入财务危机，甚至危及自身的职位安全。基于此，本章预测高风险承担水平的企业会为创新投资储存更多现金以平衡风险，进一步提高了企业的现金持有水平。这是本章实证部分需要验证的第二个问题，通过在回归模型中引入创新投资与高风险承担水平的交乘项，检验企业高风险承担水平是否会强化创新投资对未来现金持有水平的影响，从而检验上述预测能否成立。

最后，激烈的行业竞争促使企业更加关注科技创新的作用。创新使企业通过提供差异化的产品与服务迅速占领市场，获得别人无法替代的核心竞争力，从而提升自身的竞争地位。在激烈的行业竞争中，企业不仅能够通过创新改进生产技术，提高已有产品的市场竞争力，更好地满足客户需求，还能够通过创造新产品，吸引新客户，打开新的市场，从而提高企业的市场占有率，扩大企业利润来源，提升其市场价值。而促使企业不断创新的先决条件是持续稳定的现金投入。由于企业创新行为的调整成本与普遍存在的融资约束，现金持有是企业创新资金的主要来源。充足的现金持有是保障企业通过科技创新获得竞争优势的前提条件。为此本章预测，激烈的行业竞争会促使企业更加重视科技创新在企业发展中的作用，从而为了保障创新行为的持续性而储存更多现金，强化了企业创新投资对现金持有的影响。

当前已有研究关注行业竞争对企业创新行为的影响，以及企业现金持有在行业竞争中所发挥的作用，却少有文献从企业创新与现金持有之间的相关性角度，考察行业竞争程度的提高是否强化了企业创新行为对现金持有决策的影响。这是本章实证部分需要检验的第三个问题。本章通过在回归模型中引入创新投资与高竞争行业的交乘项，检验激烈的行业竞争是否会促使企业为创新投资提供更多的现金持有以保障创新行为的持续性，通过不断创新获得竞争优势，从而验证本章第三个预测能否成立。

4.1　理论分析与研究假设

Arrow（1962）最早解释了企业科技创新融资难的原因：创新投资主要的产出是生产新产品的知识和技术。然而知识具有非排他性，也就导致创新投资的收益不能完全被投资主体所独占。因此，外部投资人并不愿意进行创新项目的投资。即便通过知识产权保护等方法使收益完全归属于投资企业，科技创新的外部融资仍然十分艰难且昂贵。Leland 和 Pyle (1977) 指出，信息不对称是造成企业创新内、外部融资成本差异的主要原因。与一般投资项目相比，信息不对称在企业创新投资中表现得更为突出。这是因为内部人与潜在投资者相比，对投资项目的自然属性与成功可能性有更多了解，当投资项目是长期的科技创新投资时，投资者更加难以辨别好的投资项目与差的投资项目，导致创新投资中的柠檬溢价与一般投资相比要更高。同时，通过信息披露降低信息不对称的作用十分有限。因为企业并不愿意向市场公开一些关键信息，这些关键信息一旦被竞争对手获知将为企业带来潜在的巨大成本。Hall (2002) 指出由于产出的不确定与信息不对称等原因，由投资驱动的创新难以获得外部融资支持，尤其是债务资金。企业在开展创新活动时普遍会因为内、外部融资成本的差异而受到外部融资约束。刘振 (2009) 检验证实由于信息不对称与高比例的无形资产等原因，高新技术企业的创新投资难以获得外部债务资金支持。Wang (2012) 研究发现与一般的资本支出相比，R&D 投资更易于遭受融资约束，外部融资更具有挑战性，原因是：第一，创新行为的高风险特征导致投资回报存在高度的不确定性；第二，科技创新所形成的无形资产难以作为抵押担保品获得银行贷款；第三，创新投资存在更为严重的信息不对称，容易引发逆向选择和道德风险；第四，创新项目的未来现金流难以估计，也就难以对项目价值进行合理评估；第五，出于保护商业机密的目的，科技创新主体通常不会主动向资金出借方披露详尽的信息，企业透明度进一步降低，信息不对称程度进一步提高。综合以上原因，企业科技创新通常比其他投资活动面临更为严重的融资约束（刘胜强，2015）。

融资约束对于企业创新具有显著的抑制作用。Canepa 和 Stoneman (2004) 针对欧盟企业的调查数据检验发现，企业的科技创新确实容易受到融资约束的制约，且对高科技企业而言，其面临的融资限制更多。Savignac (2008) 指出信贷约束是限制企业研发强度的重要因素。胡海青等 (2015) 认为创新前景、成果价值以及技术市场的不确定性使得银行将对科技型企业索要更高的风险补偿，进一步增加其融资成本，直接导致创新投入的减少。刘万丽（2018）以2009—2016年湖北A股上市公司为样本，检验发现信息不对称使得企业创新投资中面对更多融资摩擦，导致企业投资不足，制约企业创新能力的提升。

外部融资途径的受限使企业创新主要通过内部资金解决资金来源问题，缓解融资约束的影响。卢馨等（2013）的研究发现我国高新技术上市公司面临严重的融资约束问题。现金持有量能够降低企业创新投资——现金流敏感性，从而弱化融资约束对企业创新投资的影响。蒲文燕和张洪辉（2016）认为融资约束的客观存在使高新技术上市公司对企业内部现金更为依赖。他们利用OLS与固定效应回归模型，对我国2007—2013年非金融类上市公司数据检验发现，道德风险和逆向选择问题阻碍了我国企业技术创新投入的外部融资渠道，现金持有能够替代成本更高的外部融资，降低企业外部融资约束。Himmelberg和Petersen（1994）以179家隶属于美国高新技术行业的小型企业为研究对象，实证检验发现，客观存在的外部融资约束使内部资金成为决定企业创新投资决策的首要因素。Kim（1998）的研究表明，与非融资约束公司相比，融资约束公司的现金持有水平更高。当公司内、外部融资成本相差悬殊时，现金持有就成为企业创新投资主要的资金来源，在企业科技创新活动需要时及时保证便宜的资金供给。Brown和Petersen（2011）认为创新行为高昂的调整成本促使企业在面临融资约束时，更多地依赖预防性的现金持有来支持创新投资。

基于以上分析，我们提出本章第一个假设。

假设4-1：由于创新投资本身受到融资约束，因此外部融资受限的企业为缓解融资约束的影响会增加现金持有，从而进一步提高了企业的现金持有水平。

根据风险规避假说（李小荣和张瑞军，2014），管理者的人力资本由于集中于一家企业，并不能像股东一样通过组合投资分散风险，因此管理者的风险厌恶程度更高。也就是说，管理者在企业决策过程中只愿意承担有限度的风险，而不希望企业承担过高风险，甚至危及自身职位安全。Wang（2008）认为企业的风险承担是有限度的，只愿意接受一定程度的风险。企业承担风险时会对风险加以“算计”，风险平衡是企业的最佳选择（董保宝，2014）。Kemelgor（2002）也指出“平衡风险”的经营哲学在企业决策过程中发挥着重要作用。企业创新始终伴随着高风险性，研发活动的失败、创新成果被剽窃等风险都会直接影响企业未来现金流，增加企业自身所面临的不确定性。而现金是一种无风险资产，是企业提升自身风险防御能力的重要保障。因此根据风险规避假说，管理者会为高风险的创新行为储存现金资产以平衡风险，避免创新失败造成企业现金流的剧烈波动。若该动机成立，那么在风险承担水平高的企业中盈利波动更为剧烈，预期管理者将为创新投资匹配更多现金资产以平衡企业整体风险，避免过度承担风险导致企业陷入财务危机，从而进一步提高了企业的现金持有水平。

基于以上分析，我们提出本章第二个假设。

假设4-2：风险承担水平高的企业会为创新投资储备更多现金以平衡风险，表现为企业风险承担水平的提高会强化创新投资对未来现金持有水平的影响。

根据创新理论与企业资源理论：持续性的创新行为与稳定的创新投入能够帮助企业形成自有的、难以被复制的知识基础，使企业在激烈的行业竞争中获得难以被取代的核心竞争力，进而提升企业竞争地位（Kortum和Lerner，1998）。行业竞争程度的提高促使企业加大对产品与服务的创新研发力度，通过持续性的创新行为有效提升自身产品的核心竞争力，扩大市场占有率，改善企业在行业竞争中的地位。企业创新过程中形成的知识基础和知识结构决定了企业未来的发展机会与配置资源的方法，进而决定了企业在市场中的竞争优势。

企业开展科技创新的先决条件是持续稳定的创新投入。王昌荣和李娜（2018）认为持续稳定的创新投入在激烈的行业竞争中尤其重要，它能够帮助企业通过差异化策略超越其他行业竞争者，获得竞争优势，提升企业市场价值。杨兴全等（2016）指出创新投入（R&D）是占优投资的重要组成部分，市场占优投资是企业为提高市场竞争力而进行的投资。在激烈的市场竞争中，企业主要通过实物资本投资与创新投入获取竞争优势。然而，由于创新行为的高风险性，以及缺乏抵押担保品、信息不对称等问题，创新行为难以获得外部融资，尤其是债务融资，普遍受到严重的外部融资约束。在这一情况下，企业内部资金成为创新投入的主要来源，充足的现金持有一直被认为是保障企业创新投入持续稳定的主要方式。现金不仅可以作为企业创新中的战略“武器”，也是企业在激烈的行业竞争中保障自身生存与发展的避险工具。行业竞争程度的加大会促使企业为科技创新储存更多现金。Schroth 和 Szalay（2007）采用美国制造业数据检验发现，企业现金持有水平的提高增加了其在专利竞争中胜出的概率，从而验证了现金可以作为企业谋取竞争优势的战略工具。张会丽等（2012）认为，激烈的行业竞争必然伴随着价格战或营销战，现金持有不足的企业更容易出现财务危机，甚至遭到破产清算。而高持现的企业则有更大概率成功应对激烈的行业竞争。创新行为本身的高风险性已为企业的财务状况带来了较大的不确定性，激烈的行业竞争进一步促使企业为了保障创新行为的稳定持续而储存更多现金，以维持自身财务状况的稳健，巩固其行业竞争优势，并通过不断创新抢占新市场。基于以上分析，提出本章第三个假设。

假设 4－3：激烈的行业竞争促使企业为创新投资提供更多现金持有以保持创新的持续性，通过不断创新获取竞争优势，从而强化了企业创新投资对未来现金持有水平的影响。

4.2　研究设计

4.2.1　数据来源与样本筛选

本书的初始研究样本为我国沪、深两市 2008—2019 年的全部 A 股上市公司。所使用的研发费用数据来源于 WIND 数据库。公司治理数据、财务数据与产权性质数据来源于 CSMAR 数据库与 WIND 数据库。本章中构建融资约束 KZ 指数与 WW 指数的相关数据来源于 CSMAR 数据库、RES-

SET 数据库以及中经网产业数据库。按照学术惯例与研究需要，本书对样本数据进行如下筛选：（1）剔除金融、保险类上市公司；（2）剔除 ST 公司样本；（3）剔除在样本期间未披露研发费用的上市公司。经过上述筛选，最终得到 2333 家企业的 13622 个公司 - 年度观测值。同时，为了控制极端值对研究结果的影响，本书对连续变量均进行了 1% 与 99% 分位上的 Winsorize 处理。

4.2.2　变量定义

（1）融资约束

当前研究融资约束问题的相关文献主要采用的融资约束度量指标有：单变量指标中的股利支付率、企业规模、杠杆率水平、利息保障倍数、企业所有制形式，以及综合指标中的 WW 指数和 KZ 指数。针对各个融资约束度量指标的利弊讨论一直是学术界的研究热点，至于哪个指标是度量融资约束程度的最优指标始终没有统一的结论。之前文献在研究融资约束问题时，大多选择同时使用两个或两个以上的代理变量共同度量企业融资约束，以避免单一指标的选择对研究结论的影响。考虑到本章使用的主要研究方法和回归模型，以及采用西方度量指标探讨中国问题的适用性，本章在回归分析中参考陈春华（2013）的研究方法，以虚拟变量 *HighWW* 与 *HighKZ* 区分企业受到的融资约束程度高低。设定方法为：首先分别计算样本企业每一年度的 WW 指数（Whited 和 Wu，2006）与 KZ 指数（Kaplan 和 Zingales，1997；姜付秀等，2016）。WW 指数和 KZ 指数越高，意味着企业受到的融资约束程度越强。若 WW 指数和 KZ 指数大于各自年度中位数，则 $HighWW = 1$ 或 $HighKZ = 1$。需要注意的是，在稳健性检验中，本章另外采用了股利支付率，企业规模、企业所有制形式、杠杆率水平等其他指标作为融资约束程度的分组依据或代理变量，以进一步控制度量指标的选择对研究结论的影响，保证本章研究结论的稳健性。

（2）风险承担

余明桂等（2013）、李小荣等（2014）指出在企业风险承担水平的度量指标中，最为广泛采用的是企业盈利的波动性，即 $\sigma(ROA_t)$。ROA 为总资产收益率，是企业对应年度息税前利润与期末总资产的比值。计算 ROA 波动率时，需要先对其进行行业均值调整，即将每家企业的 ROA 扣除同一年度同行业的 ROA 均值进行调整，得到 $ADJ\_ROA_{i,t}$。然后再计算企业在每一个观测时段内的经行业调整的 ROA 的标准差，即为企业对应年度的风险承担水平 $Risk_{i,t}$。本书参考余明桂等（2013）的处理方法，以每三年为一个时间段，计算调整后的 ROA 在样本期间内的滚动标准差。举例来说，本书的初始样本期间从 2008 年开始，那么第一个用以计算 ROA 滚动标准差的时间段是 2008—2010 年，第二个时间段为 2009—2011 年，第三个时间段为 2010—2013 年，以此类推。需要注意的是，企业必须具备至少连续三年的观测值才能够计算收益率的滚动标准差，得到其对应年度的风险承担水平，为此我们删除了不符合条件的样本。具体的计算过程如公式（4-1）、（4-2）所示。

$$ADJ\_ROA_{i,t} = \frac{EBIT_{i,t}}{Assets_{i,t}} - \frac{1}{N}\sum_{k=1}^{N}\frac{EBIT_{k,t}}{Assets_{k,t}} \tag{4-1}$$

$$Risk_{i,t} = \sqrt{\frac{1}{T-1}\sum_{t=1}^{T}\left(ADJ\_ROA_{i,t} - \frac{1}{T}\sum_{t=1}^{T}ADJ\_ROA_{i,t}\right)^2} \mid T = 3 \tag{4-2}$$

在计算得到企业每一年度的风险承担水平后，本章设置高风险承担水平虚拟变量 $Risky$。若企业的风险承担水平高于同年度同行业的样本平均值，则将虚拟变量 $Risky$ 赋值为 1，否则为 0（余明桂，2013）。在稳健性检验中，我们借鉴李小荣等（2014）的度量方法，另外采用每家企业样本期间最大与最小的经行业均值调整后的 ROA 的差值表示风险承担水平（Max(adj_ROA) − Min(adj_ROA)）。

（3）行业竞争

关于行业竞争的度量方法，比较普遍的是采用行业集中度即赫芬达尔—赫希曼指数（以下简称 HHI 指数）度量。杨兴全等（2015）指出行业的集中与分散程度直接决定了行业竞争程度的高低。HHI 指数越大，意味着行业集中度越高，行业内的企业竞争程度越低。HHI 指数的计算方法如公式（4－3）所示。

$$HHI_{kt} = \sum_{j=1}^{N} \left(\frac{Sales_{jkt}}{Sales_{kt}} \right)^2 \tag{4-3}$$

公式（4－3）中，j 表示企业，k 表示行业，t 表示时间，通过计算以行业内销售额前五名的企业为基础的 HHI 指数确定行业竞争程度的高低。具体来说，本章参考陈艳利等（2019）的处理方法，以 2012 年最新修订的《上市公司行业指引》中的行业代码为依据，在样本区间内分年度计算各行业的 HHI 指数，并将其与年度 HHI 中位数进行对比。由于行业集中度越高，行业竞争程度越低，故将 HHI 指数小于年度中位数的行业定义为高竞争行业，虚拟变量 *Hicom* 赋值为 1；大于中位数的行业定义为低竞争行业，*Hicom* 赋值为 0。稳健性检验中，本书另外根据年度行业内的观测值数目确定行业竞争程度。观测值越多意味着行业越分散，行业竞争越激烈。

（4）其他变量

本章的被解释变量仍然为企业现金持有水平 *Cashhold*。借鉴已有关于企业现金持有水平影响因素的研究（He，2016；Kalcheva 和 Lins，2007），本章模型中选取的控制变量包括：（1）企业规模（*Size*）；（2）成长性（*Growth*）；（3）现金流量（*Cashflow*）；（4）资本投资（*Capex*）；（5）银行借款（*Bankdebt*）；（6）净营运资本（*NWC*）；（7）资产负债率（*Lev*）；（8）所有权性质（*State*）；（9）股利支付哑变量（*Divi*）等。本章主要变量的定义与计算方式如表 4－1 所示。

表 4－1　　变量定义说明

变量类型	变量名称	变量代码	计算方法
被解释变量	现金持有水平	*Cashhold*	期末现金及现金等价物/资产总额
解释变量	创新投资	*R&D*	研发费用/资产总额
	融资约束	*FC*：*HighWW*	WW 指数大于年度中位数的企业，取 1；否则取 0
		HighKZ	KZ 指数大于年度中位数的企业，取 1；否则取 0
	高风险承担	*Risky*	若企业的风险承担水平高于年度行业平均值，取 1；否则取 0
	高竞争行业	*Hicom*	以行业内销售额前五名的企业为基础的 HHI 指数小于年度中位数，取 1；否则取 0

续表

变量类型	变量名称	变量代码	计算方法
控制变量	企业规模	*Size*	总资产的自然对数
	成长性	*Growth*	营业收入增长率
	现金流量	*Cashflow*	经营活动现金净流量/资产总额
	资本投资	*Capex*	购买固定资产、无形资产及其他长期资产支付的现金/总资产
	银行债务	*Bankdebt*	（长期借款+短期借款）/总负债
	净营运资本	*NWC*	（流动资产-流动负债-货币资金-交易性金融资产）/总资产
	资产负债率	*Lev*	负债总额/资产总额
	所有权性质	*State*	国有上市公司取1，否则取0
	股利支付哑变量	*Divi*	如果当年企业向股东支付了股利取1，否则取0

4.2.3　模型设计

为了检验前文提出的研究假设4-1，本书首先构建回归模型如下：

$$Cashhold_{i,t} = \alpha_0 + \alpha_1 R\&D_{i,t-1} + \alpha_2 FC_{i,t-1} + \alpha_3 R\&D_{i,t-1} \times FC_{i,t-1} + \alpha_i \times Controls_{i,t-1} + Fixedeffects + \varepsilon_{i,t} \quad (4-4)$$

该模型主要用于检验融资约束程度（*FC*）对企业创新投资和现金持有水平之间关系的影响，为此模型中引入了创新投资与融资约束的交乘项。交乘项 $R\&D \times FC$ 前的系数大小、方向与显著性水平为此处关注的重点，预期其显著为正。为了控制度量指标的选择对研究结论的影响，本章所有检验同时采用虚拟变量 *HighWW* 与 *HighKZ* 衡量企业受到的融资约束程度 *FC*。参考已有研究，模型（4-4）选取的控制变量同上，具体包括：企业规模、成长性、现金流量、资本投资、银行债务、净营运资本、资产负债率、股利支付以及企业所有权性质等变量。为了控制解释变量与被解释变量之间互为因果的内生性问题，模型中的解释变量与控制变量均采取滞后一期的处理方法。魏志华等（2014）认为解释变量与控制变量滞后一期能够缓解互为因果的内生性问题。

接下来，本书构建第二个回归模型用以检验假设4－2。

$$Cashhold_{i,t} = \beta_0 + \beta_1 R\&D_{i,t-1} + \beta_2 Risky_{i,t-1} + \beta_3 R\&D_{i,t-1} \times Risky_{i,t-1} + \beta_i \times Controls_{i,t-1} + Fixedeffects + \varepsilon_{i,t} \quad (4-5)$$

为了考察风险承担水平对企业创新投资与现金持有的影响，回归模型（4－5）中引入创新投资与高风险承担水平的交乘项 $R\&D \times Risky$。高风险承担水平虚拟变量 $Risky$ 的赋值方法借鉴余明桂等（2013）的研究，若企业的风险承担水平高于年度行业平均值，$Risky$ 取1，否则取0。模型（4－5）用以检验企业风险承担水平的提高是否会促使企业为创新行为储存更多现金以平衡风险，从而强化了创新投资对未来现金持有水平的影响。交乘项 $R\&D \times Risky$ 前回归系数 β_3 的大小、方向与显著性水平，是我们关注的重点，预期其显著为正。控制变量的选择同前文。

最后，本章采用回归模型（4－6）检验本章提出的第三个假设：

$$Cashhold_{i,t} = \gamma_0 + \gamma_1 R\&D_{i,t-1} + \gamma_2 Hicom_{i,t-1} + \gamma_3 R\&D_{i,t-1} \times Hicom_{i,t-1} + \gamma_i \times Controls_{i,t-1} + Fixedeffects + \varepsilon_{i,t} \quad (4-6)$$

模型（4－6）用于检验激烈的行业竞争是否会强化企业创新投资对未来现金持有水平的影响，模型中引入了创新投资与高竞争行业虚拟变量的交乘项 $R\&D \times Hicom$。本章通过计算 HHI 指数确定行业竞争程度，若行业 HHI 指数小于年度中位数，则定义为高竞争行业，虚拟变量 $Hicom$ 取值为1，否则为0。若假设4－3成立，激烈的行业竞争会促使企业为创新投资提供更多现金持有以保证创新的持续性，通过创新获取竞争优势，则交乘项 $R\&D \times Hicom$ 前回归系数 γ_3 预期应显著为正。

4.3 实证结果

4.3.1 描述性统计与相关性分析

表4－2报告了本章回归模型中主要变量的描述性统计。其中，非金

融类上市公司现金持有水平（*Cashhold*）的平均值为0.267，中位数为0.165；*R&D* 衡量企业创新投资水平，其均值为0.020，中位数为0.015；依次采用虚拟变量 *HighWW* 与 *HighKZ* 度量企业所受到的融资约束程度（*FC*），若企业某一年度的 *WW* 值（或 *KZ* 值）大于该年度中位数，则 *HighWW*（或 *HighKZ*）取1，否则取0。*HighWW* 与 *HighKZ* 的均值分别为0.499与0.496。*Size* 为企业资产总额的自然对数，用来衡量企业规模，其均值（中位数）为21.880（21.680）；需要说明的是，在模型（4-5）中本书通过计算经行业均值调整后的ROA的滚动标准差确定企业对应年度的风险承担水平，进而为高风险承担水平虚拟变量 *Risky* 赋值。计算滚动标准差时需要至少连续三年的观测值，为此我们删除了不满足条件的样本，造成变量 *Risky* 的观测值数目与其他变量相比有明显的缩减。其余变量的描述性统计结果请参照表4-2，此处不再赘述。

表4-2　　　　描述性统计

变量	观测值	平均值	中位数	标准差	最小值	最大值
Cashhold	13622	0.267	0.165	0.343	0.010	0.801
R&D	13622	0.020	0.015	0.023	0.000	0.120
HighWW	13622	0.499	0	0.500	0	1
HighKZ	13622	0.496	0	0.500	0	1
Risky	8925	0.489	0	0.500	0	1
Hicom	13622	0.517	1	0.500	0	1
Size	13622	21.880	21.680	1.268	19.574	25.937
Growth	13622	0.171	0.095	0.420	-0.486	2.870
Cashflow	13622	0.052	0.049	0.091	-0.232	0.334
Capex	13622	0.075	0.051	0.075	0.001	0.399
Bankdebt	13622	0.304	0.301	0.238	0.000	0.825
NWC	13622	0.023	0.037	0.196	-0.541	0.455
Lev	13622	0.423	0.415	0.216	0.040	0.934
State	13622	0.372	0	0.483	0	1
Divi	13622	0.402	0	0.490	0	1

在采用模型（4-4）、（4-5）、（4-6）进行回归分析之前，本章需要依次对三个回归模型中的变量进行相关性检验。首先，表4-3给出了回归模型（4-4）中所用变量的相关性检验结果。从表4-3中可以看出：

表 4 -3　　模型（4 -4）中主要变量的 Pearson 相关系数检验

	Cashhold	$R\&D_{-1}$	FC_{-1}	$R\&D \times FC$	$Size_{-1}$	$Growth_{-1}$	$Cashflow_{-1}$	$Capex_{-1}$	$Bankdebt_{-1}$	NWC_{-1}	Lev_{-1}	$State_{-1}$	$Divi_{-1}$
Cashhold	1.000												
$R\&D_{-1}$	0.272 ***	1.000											
FC_{-1}	0.197 ***	-0.206 ***	1.000										
$R\&D \times FC$	0.275 ***	0.714 ***	0.590 ***	1.000									
$Size_{-1}$	-0.259 ***	-0.204 ***	-0.649 ***	-0.405 ***	1.000								
$Growth_{-1}$	0.029 ***	0.048 ***	-0.175 ***	-0.055 ***	0.059 ***	1.000							
$Cashflow_{-1}$	0.191 ***	0.109 ***	-0.129 ***	0.008	0.054 ***	0.038 ***	1.000						
$Capex_{-1}$	0.007	0.149 ***	0.072 ***	0.167 ***	-0.042 ***	0.080 ***	0.145 ***	1.000					
$Bankdebt_{-1}$	-0.349 ***	-0.275 ***	-0.115 ***	-0.211 ***	0.166 ***	0.001	-0.182 ***	0.133 ***	1.000				
NWC_{-1}	0.154 ***	0.291 ***	0.265 ***	0.290 ***	-0.287 ***	0.005	-0.140 ***	-0.025 ***	-0.335 ***	1.000			
Lev_{-1}	-0.383 ***	-0.353 ***	-0.403 ***	-0.412 ***	0.482 ***	0.067 ***	-0.153 ***	-0.150 ***	0.428 ***	-0.650 ***	1.000		
$State_{-1}$	-0.192 ***	-0.229 ***	-0.323 ***	-0.277 ***	0.383 ***	-0.018 *	0.017 *	-0.120 ***	0.079 ***	-0.265 ***	0.341 ***	1.000	
$Divi_{-1}$	-0.144 ***	-0.209 ***	-0.599 ***	-0.406 ***	0.315 ***	0.004	0.019 **	-0.163 ***	0.068 ***	-0.192 ***	0.290 ***	0.243 ***	1.000

注：***、**、* 分别表示在 1%、5%、10% 水平上显著。表中融资约束程度 *FC* 采用虚拟变量 *HighWW* 度量，具体解释可参见表 4 -1。

创新投资的滞后一期 $R\&D_{-1}$ 与被解释变量现金持有 *Cashhold* 在 1% 的水平上显著正相关（0.272***），创新投资与融资约束的交乘项 $R\&D \times FC$ 也在 1% 的水平上与企业现金持有水平显著正相关（0.275***），初步表明企业为缓解融资约束的影响而为创新投资增加现金持有，符合本章假设 4－1 的预期。新增解释变量融资约束 *FC* 与现金持有也在 1% 的水平上显著正相关（0.197***），与已有文献的研究发现相符：受到融资约束的企业出于预防性动机，倾向于多持有现金。同时，主要控制变量与被解释变量现金持有水平之间都存在一定的相关性，表明模型（4－4）中控制变量的选择基本有效。

相关系数检验结果显示，模型（4－4）的多数变量之间存在着显著的相关性，这引起我们对于多重共线性问题的担忧。为此，本章检测了模型（4－4）中所涉及的全部变量的方差膨胀系数 VIF，以排除严重的多重共线性问题影响回归结果的可能性，方差膨胀系数检验结果见表 4－4 与表 4－5。

表 4－4　　模型（4－4）中主要变量的方差膨胀系数检验 A（FC：HighWW）

变量	VIF	1/VIF
$R\&D_{-1}$	3.18	0.315
FC_{-1}	3.69	0.271
$R\&D \times FC$	3.78	0.265
$Size_{-1}$	2.56	0.391
$Growth_{-1}$	1.12	0.891
$Cashflow_{-1}$	1.36	0.733
$Capex_{-1}$	1.28	0.784
$Bankdebt_{-1}$	1.60	0.624
NWC_{-1}	2.51	0.399
Lev_{-1}	3.33	0.300
$State_{-1}$	1.41	0.709
$Divi_{-1}$	1.81	0.553

表 4-5　模型（4-4）中主要变量的方差膨胀系数检验 B（FC：HighKZ）

变量	VIF	1/VIF
$R\&D_{-1}$	2.13	0.470
FC_{-1}	2.77	0.361
$R\&D \times FC$	2.04	0.490
$Size_{-1}$	1.89	0.529
$Growth_{-1}$	1.07	0.932
$Cashflow_{-1}$	1.36	0.734
$Capex_{-1}$	1.28	0.781
$Bankdebt_{-1}$	1.61	0.623
NWC_{-1}	2.52	0.397
Lev_{-1}	4.04	0.247
$State_{-1}$	1.42	0.705
$Divi_{-1}$	1.29	0.774

为了避免单一指标的选择对研究结论的影响，本章模型（4-4）中同时采用虚拟变量 *HighWW* 与 *HighKZ* 度量企业融资约束程度（*FC*）。表 4-4 的检验结果显示：当模型中使用虚拟变量 *HighWW* 度量企业融资约束程度时，交乘项 $R\&D \times FC$ 的 VIF 值最大，达到 3.78，但仍远远小于 10 的临界值。表 4-5 的检验结果显示，当模型中选择虚拟变量 *HighKZ* 作为企业融资约束的代理变量时，资产负债率 *Lev* 的 VIF 值在所有变量中达到最大，为 4.04，同样小于 10 的临界值。综上，主要变量的方差膨胀系数检验排除了严重的多重共线性问题对本章研究结论的干扰，我们可以根据模型（4-4）进行分析检验。

接下来，本章对回归模型（4-5）中所用变量的相关性进行检验，检验结果如表 4-6 所示。需要说明的是，由于变量 *Risky* 需要通过计算经均值调整后 ROA 的滚动标准差确定，企业必须具备至少连续三年的观测值，因此模型（4-5）的样本量与模型（4-4）相比有一定数量的删减，造成变量之间的相关系数有所差异。举例来说，创新投资的滞后一期 $R\&D_{-1}$ 与企业现金持有水平 *Cashhold* 的相关系数在模型（4-4）中为 0.272，在模型（4-5）中为 0.199，但是都在 1% 的水平上显著正相关。模型（4-5）

表4-6　　模型（4-5）中主要变量的Pearson相关系数检验

	Cashhold	*R&D* $_{-1}$	*Risky* $_{-1}$	*R&D×Risky*	*Size* $_{-1}$	*Growth* $_{-1}$	*Cashflow* $_{-1}$	*Capex* $_{-1}$	*Bankdebt* $_{-1}$	*NWC* $_{-1}$	*Lev* $_{-1}$	*State* $_{-1}$	*Divi* $_{-1}$
Cashhold	1.000												
R&D $_{-1}$	0.199***	1.000											
Risky $_{-1}$	0.023**	-0.001	1.000										
R&D×Risky	0.145***	0.600***	0.535***	1.000									
Size $_{-1}$	-0.235***	-0.171***	-0.121***	-0.141***	1.000								
Growth $_{-1}$	0.067***	0.091***	-0.001	0.065***	0.031***	1.000							
Cashflow $_{-1}$	0.164***	0.103***	-0.048***	0.045***	0.070***	0.048***	1.000						
Capex $_{-1}$	-0.044***	0.091***	-0.023***	0.063***	-0.001	0.122***	0.151***	1.000					
Bankdebt $_{-1}$	-0.328***	-0.241***	0.007	-0.133***	0.163***	-0.004	-0.182***	0.170***	1.000				
NWC $_{-1}$	0.134***	0.279***	-0.030***	0.169***	-0.297***	0.016	-0.132***	-0.061***	-0.336***	1.000			
Lev $_{-1}$	-0.334***	-0.291***	-0.014	-0.200***	0.484***	0.038***	-0.145***	-0.089***	0.424***	-0.652***	1.000		
State $_{-1}$	-0.118***	-0.194***	-0.061***	-0.155***	0.377***	-0.043***	0.018*	-0.097***	0.067***	-0.263***	0.329***	1.000	
Divi $_{-1}$	-0.109***	-0.170***	-0.016	-0.124***	0.302***	-0.022**	0.032***	-0.132***	0.049***	-0.177***	0.260***	0.220***	1.000

注：***、**、*分别表示在1%、5%、10%水平上显著。表中*Risky*为高风险承担水平虚拟变量，由企业盈利的波动性确定，具体解释可参见表4-1。

中我们关注的核心变量为企业创新投资与高风险承担水平的交乘项 *R&D* × *Risky*，检验结果显示交乘项与企业现金持有水平在 1% 的水平上显著正相关（0.145***），初步表明风险承担水平高的企业会为高风险的创新投资储存更多现金以平衡风险，从而强化了创新投资对未来现金持有水平的影响，符合我们的预期。模型中新增变量 *Risky* 与企业现金持有水平显著正相关（0.023**），这与已有的研究发现相符：面对更大不确定性的企业倾向于多持有现金以维持财务柔性，避免企业陷入破产危机（顾乃康等，2011）。

相关系数检验结果还显示模型（4－5）中的大多数变量之间存在着显著的相关性，为了避免严重的多重共线性问题影响回归估计的结果，本章检测了模型（4－5）中所涉及的全部变量的方差膨胀系数 VIF，结果如表 4－7 所示。

表 4－7　　模型（4－5）中主要变量的方差膨胀系数检验

变量	VIF	1/VIF
$R\&D_{-1}$	2.70	0.370
$Risky_{-1}$	1.88	0.531
R&D × *Risky*	2.87	0.348
$Size_{-1}$	1.91	0.524
$Growth_{-1}$	1.10	0.908
$Cashflow_{-1}$	1.34	0.748
$Capex_{-1}$	1.25	0.799
$Bankdebt_{-1}$	1.62	0.618
NWC_{-1}	2.54	0.393
Lev_{-1}	3.24	0.309
$State_{-1}$	1.39	0.718
$Divi_{-1}$	1.27	0.787

表 4－7 的方差膨胀系数检验结果显示，模型（4－5）中全部变量的方差膨胀系数（VIF）都明显小于 10 的临界值。特别是我们关注的核心变量 *R&D* × *Risky*，其方差膨胀系数仅为 2.87。新增变量高风险承担水平

Risky 的方差膨胀系数为1.88。企业资产负债率 *Lev* 的VIF值达到最大，为3.24。为此我们能够排除严重的多重共线性问题导致估计结果无效的可能性，可以通过回归模型（4-5）检验企业风险承担水平对创新投资和现金持有的影响。

为了验证本章最后一个假设，本章采用回归模型（4-6）检验行业竞争程度对企业创新投资和现金持有的影响，预期激烈的行业竞争会促使企业为创新投资预留更多现金以保持创新行为的持续性，获取竞争优势，从而强化了企业创新投资对未来现金持有水平的影响。在回归分析之前，仍然对模型（4-6）中主要变量进行相关性检验，检验结果如表4-8所示。

表4-8中我们关注的重点是创新投资与高竞争行业交乘项 *R&D* × *Hicom* 与企业现金持有水平 *Cashhold* 的相关性。相关系数检验结果显示，创新投资滞后一期 $R\&D_{-1}$ 与现金持有水平显著正相关（0.272***），交乘项（*R&D* × *Hicom*）与企业现金持有水平在1%的水平上显著正相关（0.254***），初步表明激烈的行业竞争促使企业为创新行为储存更多现金，从而强化了创新投资对现金持有的影响，进一步提高了企业的现金持有水平，符合本章假设4-3的预期。模型中新引入的高竞争行业虚拟变量 *Hicom* 与企业现金持有水平也在1%的水平上显著正相关（0.086***），这与已有文献的研究发现相符：现金储备在竞争性的行业中具有战略作用，持现水平高的企业更能够应对激烈的行业竞争，行业竞争程度将直接影响企业现金持有水平（Telser，1966）。同时，模型中其他控制变量与被解释变量现金持有水平之间都存在一定的相关性，意味着控制变量的选择基本有效。相关系数检验只能对变量之间的关系做出初步分析，若要检验模型中解释变量对被解释变量的影响，还需通过下文的回归分析才能得出比较严谨的结果。

相关系数检验结果同时显示，模型（4-6）中大多数变量之间存在着显著的相关性，并且模型中引入了两个变量的交乘项 *R&D* × *Hicom*，这都需要我们进一步关注模型设定中的多重共线性问题。为此，本章检测了模型（4-6）中所涉及的全部变量的方差膨胀系数VIF值，检测结果如表4-9所示。

表 4 – 8　　模型（4 – 6）中主要变量的 Pearson 相关系数检验

	Cashhold	*R&D* $_{-1}$	*Hicom* $_{-1}$	*R&D* × *Hicom*	*Size* $_{-1}$	*Growth* $_{-1}$	*Cashflow* $_{-1}$	*Capex* $_{-1}$	*Bankdebt* $_{-1}$	*NWC* $_{-1}$	*Lev* $_{-1}$	*State* $_{-1}$	*Divi* $_{-1}$
Cashhold	1.000												
R&D $_{-1}$	0.272 ***	1.000											
Hicom $_{-1}$	0.086 ***	0.106 ***	1.000										
R&D × *Hicom*	0.254 ***	0.750 ***	0.510 ***	1.000									
Size $_{-1}$	−0.259 ***	−0.204 ***	−0.081 ***	−0.171 ***	1.000								
Growth $_{-1}$	0.029 ***	0.048 ***	0.019 ***	0.048 ***	0.059 ***	1.000							
Cashflow $_{-1}$	0.191 ***	0.109 ***	0.032 ***	0.092 ***	0.054 ***	0.038 ***	1.000						
Capex $_{-1}$	0.007	0.149 ***	−0.010	0.101 ***	−0.042 ***	0.080 ***	0.145 ***	1.000					
Bankdebt $_{-1}$	−0.349 ***	−0.275 ***	−0.062 ***	−0.209 ***	0.166 ***	0.001	−0.182 ***	0.133 ***	1.000				
NWC $_{-1}$	0.154 ***	0.291 ***	0.053 ***	0.199 ***	−0.287 ***	0.005	−0.140 ***	−0.025 ***	−0.335 ***	1.000			
Lev $_{-1}$	−0.383 ***	−0.353 ***	−0.095 ***	−0.279 ***	0.482 ***	0.067 ***	−0.153 ***	−0.150 ***	0.428 ***	−0.650 ***	1.000		
State $_{-1}$	−0.192 ***	−0.229 ***	−0.037 ***	−0.161 ***	0.383 ***	−0.018 *	0.017 *	−0.120 ***	0.079 ***	−0.265 ***	0.341 ***	1.000	
Divi $_{-1}$	−0.144 ***	−0.209 ***	−0.009	−0.150 ***	0.315 ***	0.004	0.019 **	−0.163 ***	0.068 ***	−0.192 ***	0.290 ***	0.243 ***	1.000

注：***、**、* 分别表示在 1%、5%、10% 水平上显著。表中 *Hicom* 为高竞争行业虚拟变量，由行业 HHI 指数确定，具体解释可参见表 4 – 1。

表 4－9　　模型（4－6）中主要变量的方差膨胀系数检验

变量	VIF	1/VIF
$R\&D_{-1}$	3.40	0.294
$Hicom_{-1}$	1.79	0.558
$R\&D \times Hicom$	4.04	0.248
$Size_{-1}$	1.64	0.612
$Growth_{-1}$	1.05	0.952
$Cashflow_{-1}$	1.28	0.781
$Capex_{-1}$	1.22	0.820
$Bankdebt_{-1}$	1.39	0.718
NWC_{-1}	2.07	0.483
Lev_{-1}	2.77	0.361
$State_{-1}$	1.29	0.773
$Divi_{-1}$	1.24	0.809

表 4－9 的方差膨胀系数检验结果显示，在模型（4－6）所涉及的所有变量中，创新投资与高竞争行业交乘项（$R\&D \times Hicom$）的 VIF 值最大，达到 4.04，但仍然远远小于 10 的临界值。因此，我们可以排除严重的多重共线性问题对回归结果的影响，能够根据模型（4－6）进行分析检验。

4.3.2　融资约束与创新投资的现金持有决策

通过上一章的分析检验我们发现，出于确保创新投资的持续稳定，避免高昂的调整成本的考虑，创新投资会显著提高企业下一期的现金持有水平。本章我们预测由于创新投资受到融资约束，外部融资途径受限的企业会为创新投资预留更多现金以缓解融资约束的影响，从而进一步提高了企业的现金持有水平。为了证实这一预期，检验融资约束程度对创新投资和现金持有之间关系的影响，本章在模型（4－4）中引入了创新投资和融资约束的交乘项：$R\&D \times FC$。交乘项前回归系数的大小、方向与显著性水平，是此处关注的重点。

由于模型（4－4）中先后采用两个代理变量度量企业融资约束，所以

表4-10的回归结果分为两个部分。其中第（1）列与第（2）列的融资约束程度 *FC* 由 *WW* 指数计算得出的虚拟变量 *HighWW* 度量，第（3）列与第（4）列则采用虚拟变量 *HighKZ* 度量融资约束程度。表4-10的回归结果显示，*R&D* 对 *Cashhold* 的回归系数始终在1%的水平上显著为正，表明企业创新投资显著提高了下一期的现金持有水平，与上一章的研究发现相符。同时，无论是采用虚拟变量 *HighWW* 还是 *HighKZ* 度量企业融资约束，创新投资与融资约束交乘项 *R&D×FC* 的系数符号均显著为正。这一结果符合我们的预期，表明企业为缓解融资约束的影响而为创新投资储存更多现金，从而进一步提高了企业的现金持有水平。假设4-1经过检验成立。

表4-10　　关于融资约束影响的回归结果

变量	Cashhold OLS（1）	（FC：HighWW） 固定效应（2）	Cashhold OLS（3）	（FC：HighKZ） 固定效应（4）
R&D	0.682*** (6.05)	0.895*** (6.38)	0.723*** (8.40)	1.019*** (9.32)
FC	0.007 (1.18)	-0.001 (-0.13)	0.095 (1.29)	-0.082 (-1.08)
R&D×FC	0.392*** (2.88)	0.484*** (3.10)	0.071* (1.69)	0.266* (1.73)
Size	-0.018*** (-9.64)	-0.065*** (-8.10)	-0.004*** (-2.61)	-0.062*** (-8.06)
Growth	0.012*** (3.07)	0.005 (1.37)	0.010*** (2.57)	0.002 (0.68)
Cashflow	0.162*** (8.74)	0.138*** (7.10)	0.104*** (5.69)	0.109*** (5.73)
Capex	-0.169*** (-7.69)	0.026 (1.08)	-0.157*** (-7.34)	0.035 (1.49)
Bankdebt	-0.118*** (-5.22)	-0.028*** (-2.47)	-0.120*** (-5.71)	-0.028*** (-2.59)
NWC	-0.202*** (-11.85)	-0.166*** (-9.45)	-0.198*** (-10.78)	-0.172*** (-9.93)

续表

变量	Cashhold OLS（1）	（FC：HighWW） 固定效应（2）	Cashhold OLS（3）	（FC：HighKZ） 固定效应（4）
Lev	-0.307 *** (-4.91)	-0.161 *** (-8.05)	-0.193 *** (-4.99)	-0.114 *** (-5.78)
State	-0.005 (-1.48)	*omitted*	0.002 (-0.54)	*omitted*
Divi	-0.011 *** (-2.85)	-0.006 (-1.14)	-0.016 *** (-4.86)	-0.012 ** (-2.42)
Cons	0.788 *** (8.23)	1.595 *** (8.83)	0.484 *** (8.93)	1.559 *** (9.68)
Obs	11060	11060	11060	11060
Year fixed	Yes	Yes	Yes	Yes
Indus/Firm fixed	*Indus fixed*	*Firm fixed*	*Indus fixed*	*Firm fixed*
Adj R^2	0.307	0.103	0.335	0.136

注：***、**、* 分别表示在 1%、5%、10% 水平上显著。括号内为 t 值。

模型中大多数控制变量的回归系数符号和显著性水平与上一章的回归结果相比变化不大，在此不再赘述。变化比较明显的是企业所有权性质 *State* 这个变量。它在本章混合 OLS 模型中的回归系数符号依然为负，但是不显著。这也许是因为模型中识别出了新的变量，从而对个别原有变量的显著性水平造成了一定影响。

4.3.3　企业风险承担水平与创新投资的现金持有决策

为了检验假设 4-2，本章在回归模型（4-5）中引入高风险承担水平虚拟变量 *Risky*，以及创新投资与高风险承担水平的交乘项 *RD* × *Risky*。本章预期，风险承担水平更高的企业会为创新投资储备更多现金以平衡风险，避免过度的风险承担使企业陷入财务危机，从而强化了企业创新投资对未来现金持有水平的影响。交乘项 *RD* × *Risky* 前回归系数的大小、方向与显著性水平是此处关注的重点。若假设 4-2 成立，更高的风险承担水平促使企业为创新投资预留更多现金，那么交乘项前的回归系数预期将显著为正。

表4－11中第（1）列为控制了行业与年度的回归估计结果，结果显示创新投资 *R&D* 的估计系数为0.335，在1%的水平上显著为正。创新投资与高风险承担水平虚拟变量交乘项 *RD × Risky* 前的回归系数显著为正（0.323**）。为了解决由遗漏变量造成的内生性问题，我们随后在回归模型中加入了公司固定效应，采用面板数据的固定效应模型对回归结果进行估计。表4－11第（2）列的估计结果显示，控制公司固定效应后，交乘项 *RD × Risky* 与现金持有水平 *Cashhold* 之间的正相关关系仍然成立，交乘项对现金持有水平的回归系数在1%的水平上显著为正（0.500***）。以上回归结果表明高风险承担水平的企业会为创新行为储存更多现金以平衡风险，从而强化了企业创新投资对未来现金持有水平的影响。假设4－2经过检验成立。为了进一步排除内生性问题对估计结果造成的影响，本章接下来采用分组回归的方法再次对假设4－5进行检验。

表4－11　　关于企业风险承担水平影响的回归结果

变量	Cashhold OLS	Cashhold 固定效应
R&D	0.335*** (2.63)	0.337* (1.90)
Risky	−0.004 (−0.92)	−0.001 (−0.28)
RD × Risky	0.323** (2.07)	0.500*** (3.07)
Size	−0.009*** (−5.13)	−0.080*** (−14.39)
Growth	0.023*** (5.49)	0.010** (2.54)
Cashflow	0.171*** (7.66)	0.140*** (5.87)

续表

变量	Cashhold OLS	Cashhold 固定效应
Capex	−0.181 ***	−0.031
	(−6.79)	(−0.99)
Bankdebt	−0.116 ***	−0.016
	(−13.35)	(−1.17)
NWC	−0.187 ***	−0.084 ***
	(−14.07)	(−4.02)
Leverage	−0.265 ***	−0.043 *
	(−9.46)	(−1.83)
State	−0.002	
	(−0.42)	
Divi	−0.014 ***	−0.010 *
	(−3.74)	(−1.78)
Cons	0.590 ***	1.964 ***
	(14.58)	(16.63)
Obs	8924	8924
Year fixed	Yes	Yes
Indus/Firm fixed	*Indus fixed*	*Firm fixed*
Adj R^2	0.254	0.072

注：***、**、*分别表示在 1%、5%、10% 水平上显著。括号内为 t 值。

在分组回归中（见表 4－12），首先对总样本按照风险承担水平的高低进行分组。此处根据企业经行业年度均值调整后的 *ROA* 的滚动标准差确定企业相应年度的风险承担水平，将风险承担水平高于样本平均值的企业归类为高风险承担水平组，低于样本平均值的企业归类为低风险承担水平组。分组回归结果显示，无论是采用多元混合 OLS 还是固定效应回归模型，创新投资 *R&D* 对现金持有水平的回归系数，均在风险承担水平高的子样本中更显著。这一结果表明在风险承担水平高的子样本中，创新投资对现金持有水平的影响更显著，从而再次验证了风险承担水平的提高会强化企业创新投资对未来现金持有水平的影响。盈利波动性更大的企业，会为创新行为储存更多现金以平衡风险，避免创新失败造成企业现金流的剧烈波动而使企业陷入财务危机。

表 4－12　风险承担水平对创新投资的现金持有决策的影响（分组检验结果）

变量	OLS		固定效应	
	高风险承担	低风险承担	高风险承担	低风险承担
R&D	0.509***	0.453***	1.073***	0.160*
	(3.20)	(3.71)	(3.77)	(1.81)
Size	-0.014***	-0.002	-0.094***	-0.086***
	(-5.13)	(-0.89)	(-9.82)	(-9.61)
Growth	0.017***	0.032***	0.008	0.009
	(2.95)	(4.97)	(1.22)	(1.40)
Cashflow	0.229***	0.123***	0.150***	0.095
	(6.70)	(4.31)	(3.58)	(2.96)
Capex	-0.161***	-0.188***	-0.074	-0.118***
	(-3.82)	(-5.73)	(-1.29)	(-2.86)
Bankdebt	-0.135***	-0.093***	-0.034	-0.016
	(-9.73)	(-8.55)	(-1.36)	(-0.88)
NWC	-0.157***	-0.213***	-0.001	-0.132***
	(-7.70)	(-12.42)	(-0.02)	(-4.59)
Leverage	-0.220***	-0.321***	-0.054	-0.064*
	(-10.36)	(-10.71)	(-1.33)	(-1.89)
State	-0.004	0.002		
	(-0.67)	(0.50)		
Divi	-0.020***	-0.008*	-0.002	-0.012*
	(-3.28)	(-1.87)	(-0.23)	(-1.69)
Cons	0.678***	0.458***	2.192***	2.121***
	(10.72)	(9.00)	(10.91)	(11.08)
Obs	4367	4557	4367	4557
Year Fixed	Yes	Yes	Yes	Yes
Indus/Firm Fixed	Indus	Indus	Firm	Firm
Adj R^2	0.238	0.290	0.061	0.097

注：***、**、*分别表示在1%、5%、10%水平上显著。括号内为t值。

4.3.4　行业竞争程度与创新投资的现金持有决策

为了检验行业竞争程度对企业创新投资和现金持有之间关系的影响，本章首先采用基本回归模型（4－6）进行估计，模型中 *Hicom* 为高竞争行业虚拟变量，将 HHI 指数低于年度中位数的行业定义为高竞争行业，*Hicom* 取值为 1，否则为 0。同时引入创新投资与高竞争行业虚拟变量的交乘项 *R&D* × *Hicom*，通过考察交乘项前回归系数的大小、方向与显著性水平，检验激烈的行业竞争是否强化了创新投资对未来现金持有水平的影响。若假设 4－3 成立，则交乘项 *R&D* × *Hicom* 前的回归系数应显著为正。为了控制回归模型中的内生性问题，本章随后根据行业竞争程度的高低进行分组回归，预期在高竞争行业的子样本中，创新投资 *R&D* 对现金持有水平的回归系数更大，显著性水平更高。最后在稳健性检验中，我们更换了行业竞争程度的度量方法，采用年度行业内的观测值数目确定行业竞争程度，以克服单一度量指标的选择对估计结果的影响。

表 4－13 的回归结果显示，当采用多元混合 OLS 模型进行回归估计时，创新投资 *R&D* 对现金持有水平的回归系数为 0.874，在 1% 的水平上显著为正。创新投资与高竞争行业交乘项 *RD* × *Hicom* 的回归系数为 0.488，同样在 1% 的水平上显著为正。当控制公司固定效应后，创新投资 *R&D* 对现金持有水平的回归系数在 1% 的水平上显著为正（1.260^{***}），创新投资与高竞争行业虚拟变量交乘项 *RD* × *Hicom* 前的回归系数在 10% 水平上显著为正（0.076^{*}）。以上回归结果符合本书的预期，表明激烈的行业竞争会促使企业为创新行为储存更多现金，以保障企业通过持续稳定的科技创新获取竞争优势。假设 4－3 经过检验成立。接下来采用分组回归的方法再次检验这一结论。若该结论成立，则与低竞争行业的企业相比，预期创新投资对现金持有水平的影响将在高竞争行业的企业中更显著。

表 4 – 13　　关于行业竞争程度影响的回归结果

变量	Cashhold OLS	Cashhold 固定效应
R&D	0. 874 *** (7. 20)	1. 260 *** (8. 31)
Hicom	0. 009 ** (2. 24)	0. 004 (0. 66)
RD × Hicom	0. 488 *** (3. 47)	0. 076 * (1. 73)
Size	–0. 009 *** (–6. 14)	–0. 059 *** (–12. 91)
Growth	0. 020 *** (5. 12)	0. 001 (0. 22)
Cashflow	0. 151 *** (8. 10)	0. 144 *** (7. 40)
Capex	–0. 195 *** (–8. 85)	–0. 001 (–0. 03)
Bankdebt	–0. 156 *** (–10. 99)	–0. 026 ** (–2. 29)
NWC	–0. 153 *** (–13. 62)	–0. 137 *** (–7. 73)
Leverage	–0. 261 *** (–12. 56)	–0. 137 *** (–6. 86)
State	–0. 008 ** (–2. 20)	
Divi	–0. 013 *** (–3. 80)	–0. 016 *** (–3. 26)
Cons	0. 579 *** (18. 61)	1. 538 *** (16. 02)
Obs	11125	11125
Year fixed	Yes	Yes
Indus/Firm fixed	*Indus fixed*	*Firm fixed*
Adj R^2	0. 262	0. 113

注：*** 、** 、* 分别表示在 1% 、5% 、10% 水平上显著。括号内为 t 值。

表 4－14 的分组检验结果显示，当采用多元混合 OLS 回归时，创新投资 *R&D* 对下一期现金持有水平的回归系数均在 1% 的水平上显著为正，但是在高竞争行业的子样本中，这一回归系数更大（高：0.909***；低：0.779***）。当采用面板数据的固定效应模型进行回归估计时，与低竞争行业的子样本相比，创新投资对现金持有水平的回归系数依然在高竞争行业的子样本中更大（高：1.178***；低：1.161***）。分组检验结果再次表明激烈的行业竞争强化了企业创新投资对现金持有水平的影响，假设 4－3 经过检验成立。在高竞争行业中，企业面临更大的竞争压力，倾向于为创新投资提供更多现金持有以保障创新的持续性，通过不断创新获取竞争优势。

表 4－14　行业竞争程度对创新投资的现金持有决策的影响（分组检验结果）

变量	OLS		固定效应	
	高竞争行业	低竞争行业	高竞争行业	低竞争行业
R&D	0.909***	0.779***	1.178***	1.161***
	(7.17)	(7.06)	(7.59)	(6.61)
Size	−0.014***	−0.002	−0.075***	−0.063***
	(−6.40)	(−0.96)	(−10.02)	(−9.47)
Growth	0.014***	0.012**	0.004	−0.008
	(2.68)	(2.14)	(0.86)	(−1.64)
Cashflow	0.144***	0.193***	0.124***	0.132***
	(5.61)	(7.26)	(4.20)	(4.81)
Capex	−0.112***	−0.169***	−0.022	0.009
	(−3.60)	(−5.46)	(−0.58)	(0.26)
Bankdebt	−0.112***	−0.132***	−0.016	−0.020
	(−10.64)	(−11.47)	(−0.95)	(−1.26)
NWC	−0.169***	−0.232***	−0.166***	−0.087***
	(−10.14)	(−13.35)	(−6.01)	(−3.42)
Leverage	−0.261***	−0.327***	−0.142***	−0.095***
	(−11.98)	(−14.70)	(−4.49)	(−3.33)
State	−0.005	−0.002		
	(−0.98)	(−0.37)		

续表

变量	OLS		固定效应	
	高竞争行业	低竞争行业	高竞争行业	低竞争行业
Divi	-0.005	-0.027***	-0.020***	-0.018***
	(-1.05)	(-5.35)	(-2.60)	(-2.63)
Cons	0.686***	0.454***	1.895***	1.613***
	(14.75)	(6.56)	(12.04)	(11.46)
Obs	5768	5357	5768	5357
Year Fixed	Yes	Yes	Yes	Yes
Indus/Firm Fixed	Indus	Indus	Firm	Firm
Adj R^2	0.342	0.231	0.108	0.103

注：***、**、*分别表示在1%、5%、10%水平上显著。括号内为t值。

4.3.5 稳健性检验

（1）根据融资约束程度的分组回归

为了检验本章假设4-1：外部融资受限的企业为了缓解融资约束的影响而为创新投资储存现金，增加了企业的现金持有，本章在稳健性检验中根据企业受到的融资约束程度进行分组。若该决策动机成立，预期创新投资对企业现金持有水平的影响将在融资约束强的样本组中更显著。本章先后选择企业属性、企业规模、是否发放股利三个代理变量，衡量企业受到的融资约束程度。依次根据三个不同的分类标准，将原样本分为强融资约束组与弱融资约束组。

首先，我国上市公司的融资约束存在所有制歧视问题。国有上市公司由于其在信贷市场的优势地位，融资风险较小，并没有很强的持有现金的动机。而与国有企业相比，民营企业在融资时受到一定的政策限制，融资渠道不畅。同时，民营企业的平均经营规模较小，信用水平较低，信息不对称更严重，也会直接影响其融资能力。因此，学者们普遍认为，国有企业受融资约束的影响较小，民营企业则大多存在较大的资金需求缺口，受到更高程度的融资约束（罗琦、肖文翀和夏新平，2007；李增泉、辛显刚和于旭辉，2008）。其次，小规模企业往往存在经营品种单一、信息不对称、盈余波动性较大、破产可能性较高、缺乏抵押担保品等现象（Titman和Wessels，1998），导致其在进行外部融资时需要支付更高的融资成本，与大规模企业相比面临着更严重的融资约束。为此，本章在第二个分类维度上按照企业规模（*Size*）的年度行业中位数进行分类，把规模高于中位数的样本归为弱融资约束组，低于中位数的样本归为强融资约束组（Kadapakkam，1998）。最后，本章依据是否发放股利进行分类。股利分配率较高的公司一般被认为不存在融资约束问题，而不分配股利的公司与分配股利的公司相比，通常被认为面临更高程度的融资约束（卢馨，2013）。为此，本章将未分配股利的样本归为强融资约束组，分配股利的样本归为弱融资约束组。然后分组检验在不同融资约束程度下，创新投资对未来现金持有水平的影响。预期在强融资约束组中，创新投资对现金持有水平的回归系数更大，显著性水平更高。

表4－15分组报告了在不同融资约束程度下，企业创新投资（*R&D*）对下一期现金持有水平（*Cashhold*）的回归结果。结果显示，虽然创新投资*R&D*对企业下一期现金持有水平的回归系数始终显著为正，但是与弱融资约束组（国有企业、大规模企业、分配股利企业）相比，在强融资约束组中（民营企业、小规模企业、不分配股利企业），创新投资*R&D*对现金持有水平的回归系数更大，显著性水平更高，基本符合我们的预期。这一结果再次验证了企业为缓解融资约束的影响而为创新行为储备更多现金，增加了企业的现金持有。所得结论与前文保持一致，假设4－1通过稳健性检验。

表4－15　　关于融资约束影响的分组回归结果

变量	*Cashhold*					
	国有企业	民营企业	大规模企业	小规模企业	分配股利企业	不分配股利企业
R&D	0.597***	1.272***	0.786***	1.483***	0.320*	1.232***
	(4.30)	(7.74)	(6.23)	(8.25)	(1.86)	(8.14)
Size	－0.051***	－0.079***	－0.077***	－0.081***	－0.045***	－0.102***
	(－14.98)	(－13.77)	(－17.46)	(－11.89)	(－11.48)	(－16.14)

续表

变量	Cashhold					
	国有企业	民营企业	大规模企业	小规模企业	分配股利企业	不分配股利企业
Growth	0.010***	0.011*	0.007**	-0.002	0.003	-0.003
	(3.26)	(1.84)	(2.09)	(-0.32)	(0.87)	(-0.54)
Cashflow	0.151***	0.115***	0.116***	0.103***	0.148***	0.095***
	(6.83)	(4.00)	(5.42)	(3.42)	(6.11)	(3.58)
Capex	-0.085***	0.058	-0.004	0.013	0.026	0.038
	(-2.83)	(1.61)	(-0.14)	(0.35)	(0.73)	(1.21)
Bankdebt	-0.036***	-0.030*	-0.039***	-0.040**	-0.030**	-0.031**
	(-2.95)	(-1.71)	(-2.89)	(-2.28)	(-2.14)	(-1.96)
NWC	-0.079***	-0.202***	-0.119***	-0.151***	-0.097***	-0.196***
	(-4.26)	(-7.45)	(-6.03)	(-5.45)	(-4.83)	(-7.34)
Leverage	-0.116***	-0.177***	-0.147***	-0.113***	-0.110***	-0.120***
	(-5.67)	(-5.58)	(-6.26)	(-3.51)	(-4.75)	(-3.91)
Divi	0.004	-0.025***	-0.004	-0.022***		
	(0.75)	(-3.05)	(-0.77)	(-2.62)		
Cons	1.275***	1.923***	1.926***	1.957***	1.175***	2.393***
	(16.01)	(14.37)	(18.44)	(12.75)	(12.62)	(16.63)
Obs	4674	6109	5348	6568	4395	6232
Year fixed	Yes	Yes	Yes	Yes	Yes	Yes
Firm fixed	Yes	Yes	Yes	Yes	Yes	Yes
R^2	0.111	0.101	0.135	0.135	0.083	0.118

注：***、**、*分别表示在1%、5%、10%水平上显著。括号内为t值。

(2) 更换融资约束程度的度量指标

刘胜强等（2015）指出由于企业创新的产出多为无形资产，无法像实物资产一样通过抵押获取银行贷款，因而普遍受到信贷约束。Guariglia（2016）指出中国资本市场在缓解融资约束方面并没有发挥有效作用，中国企业主要依赖银行债务融资。Chen（2016）发现中国上市公司面临资金短缺时主要通过银行贷款补充资金。刘晴（2017）认为银行信贷是企业一项重要的资金来源，杠杆率（短期借款与总资产的比例）越小，意味着企业受到的融资约束越明显。由于发放长期贷款对银行而言风险较大，对企业来说成本也较高，因此短期借款是企业更为常用的信贷资金来源。其中，短期借款 = 流动负债 - 应付账款 - 应付工资 - 应付福利费 - 应缴税金（韩剑等，2012）。基于以上分析，本章此处采用短期借款杠杆率（*Shortlev*）度量企业融资约束，进行稳健性检验。需要注意的是，根据上述研究，这是一个反向指标，该值越小，意味着企业受到的融资约束程度越强。

表4-16的回归结果显示，无论是采用混合OLS模型还是固定效应回归模型，创新投资（*R&D*）对现金持有的回归系数均在1%的水平上显著为正。这一结果再次表明创新投资显著增加了企业未来的现金持有，上一章的假设3-1通过验证。创新投资与短期借款杠杆率交乘项（*R&D×FC*）前的回归系数是此处关注的重点。我们可以看出在两个回归模型中，交乘项的回归系数均显著为负（-0.248*** 与 -0.276***）。这一结果表明，杠杆率越小，融资约束越严重，企业会为创新投资储备更多的现金以缓解融资约束的影响，再次验证了假设4-1，证明本章主要结论是稳健的。

表4-16　　采用短期借款杠杆率度量融资约束的稳健性检验

	FC：Shortlev	
	OLS	固定效应
R&D	1.316***	1.647***
	(7.33)	(6.53)
FC	-0.035	-0.079**
	(-1.61)	(-2.55)
R&D×FC	-0.248***	-0.276***
	(-5.10)	(-4.30)
Control Variables	*Control*	*Control*
Obs	11060	11060
Year fixed	Yes	Yes
Indus/Firm fixed	*Indus*	*Firm*
Adj R^2	0.302	0.105

注：***、**、*分别表示在1%、5%、10%水平上显著。括号内为t值。

(3) 创新驱动发展战略的影响

党的十八大明确提出“科技创新是提高社会生产力和综合国力的战略支撑，必须摆在国家发展全局的核心位置”。强调要坚持走中国特色自主创新道路、实施创新驱动发展战略。高校、研发机构、中介机构以及政府、金融机构等应与企业一起构建分工协作、有机结合的创新链，形成有中国特色的协同创新体系。随后科技部发布了《关于进一步推动科技型中小企业创新发展的若干意见》，明确指出要完善多层次资本市场，拓宽科技型中小企业的融资渠道，同时加大财政支持力度，落实税收优惠政策。

考虑到这一制度环境的影响，如果假设 4－1 成立，那么党的十八大之后创新驱动发展战略的实施，应该能够通过改善外部环境缓解企业创新的融资约束，从而弱化企业创新投资对未来现金持有水平的影响。为此本章构建双重差分回归模型如下：

$$Cashhold_{i,t} = \delta_0 + \delta_1 R\&D_{i,t-1} + \delta_2 Post_{i,t} + \delta_3 RD_{i,t-1} \times Post_{i,t} + \delta_i Controls_{i,t-1} + Fixedeffects + \varepsilon_{i,t} \qquad (4-7)$$

其中，我们将 2012 年及之前年度定义为党的十八大之前，*Post* 取值为 0；2013 年及之后年度定义为党的十八大之后，*Post* 取值为 1。通过引入创新投资与党的十八大前后的交乘项，检验创新驱动发展战略的实施，能否通过缓解融资约束，弱化企业创新投资对未来现金持有水平的影响。如果这一预期成立，也就从反面验证了融资约束的存在会显著强化企业创新投资对未来现金持有水平的影响。模型（4－7）中交乘项 $RD \times Post$ 的回归系数 δ_3 的方向、大小与显著性水平，是研究关注的重点，预期其显著为负。进一步地，为了检验战略实施对不同样本的影响强弱，本章同样按照所受到的融资约束程度，将样本先后分为国有企业、民营企业，以及大规模企业、小规模企业，然后依次进行分组检验。预期交乘项 $RD \times Post$ 的回归系数在强融资约束组中下降更多。检验结果如表 4－17 所示。

表 4－17　　创新驱动发展战略对现金持有水平的影响

变量	全样本	国有企业	民营企业	大规模企业	小规模企业
R&D	1.271***	1.063***	1.029***	1.104***	1.305***
	(13.20)	(7.35)	(7.35)	(8.92)	(9.21)

续表

变量	全样本	国有企业	民营企业	大规模企业	小规模企业
Post	-0.021	-0.053***	0.024	-0.055**	0.038
	(-1.17)	(-2.93)	(0.70)	(-2.35)	(1.42)
RD × Post	-1.103***	-0.512***	-1.257***	-0.834***	-1.280***
	(-8.14)	(-2.58)	(-6.26)	(-5.08)	(-6.25)
Size	-0.011***	-0.002	-0.023***	0.001	-0.037***
	(-6.58)	(-1.19)	(-7.75)	(0.27)	(-8.86)
Growth	0.011***	0.011***	0.013**	0.014***	0.008
	(3.16)	(2.74)	(2.18)	(3.57)	(1.52)
Cashflow	0.182***	0.209***	0.187***	0.208***	0.183***
	(10.07)	(8.77)	(6.99)	(9.25)	(6.84)
Capex	-0.151***	-0.145***	-0.151***	-0.128***	-0.173***
	(-7.02)	(-4.69)	(-4.84)	(-4.79)	(-5.39)
Bankdebt	-0.122***	-0.102***	-0.119***	-0.110***	-0.110***
	(-16.07)	(-10.09)	(-10.08)	(-10.08)	(-9.97)
NWC	-0.177***	-0.102***	-0.209***	-0.150***	-0.184***
	(-15.39)	(-7.36)	(-11.30)	(-10.63)	(-10.37)
Lev	-0.271***	-0.208***	-0.301***	-0.267***	-0.272***
	(-12.92)	(-15.04)	(-15.38)	(-18.61)	(-14.84)
State	-0.005**			0.001	-0.008**
	(-2.14)			(0.35)	(-2.20)
Divi	-0.014***	0.001	-0.026***	-0.006	-0.025***
	(-4.06)	(0.39)	(-4.56)	(-1.64)	(-4.71)
Cons	0.588***	0.349***	0.855***	0.307***	1.159***
	(15.78)	(9.20)	(11.68)	(5.64)	(2.91)
Obs	11916	4674	6109	5348	6568
Year fixed	Yes	Yes	Yes	Yes	Yes
Indus fixed	Yes	Yes	Yes	Yes	Yes
Adj R^2	0.292	0.330	0.296	0.340	0.266

注：***、**、* 分别表示在 1%、5%、10% 水平上显著。括号内为 t 值。

表4－17的回归结果显示，*R&D*的回归系数在所有样本组中都显著为正，交乘项*RD*×*Post*的回归系数都在1%的水平上显著为负，说明党的十八大之后创新驱动发展战略的实施，通过改善外部环境，减少了企业为支持创新投资而增加的现金持有。分组检验后发现交乘项的回归系数δ_3，在融资约束强的样本组中（民营企业与小规模企业）下降幅度更大。进一步验证了创新驱动发展战略的实施通过缓解融资约束，减少了企业创新为应对融资约束而增加的现金持有，这也反向证明了假设4－1成立。

（4）更换风险承担水平的度量指标

前文回归分析中我们通过计算企业盈利的波动性，即经行业均值调整后ROA的滚动标准差来衡量企业风险承担水平。稳健性检验中，本章借鉴李小荣等（2014）的研究方法，采用每个企业样本期间经行业均值调整后ROA的最大值与最小值的差额度量风险承担水平（Max(adj_ROA)－Min(adj_ROA)）。若采用该差额度量的企业风险承担水平高于行业平均值，则将虚拟变量高风险承担水平*Risky_dif*赋值为1，否则为0。通过观测创新投资与高风险承担水平交乘项*RD*×*Risky_dif*前的回归系数，检验风险承担水平的提高是否会促使企业为创新投资预留更多现金。模型中的解释变量与控制变量仍然采用滞后一期处理。

表4－18第（1）列的回归结果显示，当采用多元混合OLS模型进行回归估计时，创新投资*R&D*的估计系数为0.680，在1%的水平上显著为正；创新投资与高风险承担水平交乘项*RD*×*Risky_dif*的估计系数为0.412，在1%的水平上显著为正。第（2）列的回归结果显示，当模型中控制了公司固定效应之后，创新投资*R&D*对下一期现金持有水平的回归系数仍然在1%的水平上显著为正（1.082***），交乘项*RD*×*Risky_dif*的回归系数在10%的水平上显著为正（0.233*）。以上回归结果表明，虽然文中更换了企业风险承担水平的度量方法，但是创新投资与高风险承担水平虚拟变量交乘项*RD*×*Risky_dif*前的回归系数仍然显著为正。验证了高风险承担水平的企业会为创新投资储存更多现金以平衡风险，从而进一步提高了企业的现金持有水平，这一结论未受度量方法选择的影响，符合我们的预期，假设4－2通过稳健性检验。

表 4 – 18　　更改风险承担水平度量指标的回归结果

变量	Cashhold OLS	Cashhold 固定效应
R&D	0. 680 *** (6. 30)	1. 082 *** (6. 82)
Risky_dif	–0. 012 *** (–3. 00)	–0. 018 (–1. 43)
RD × Risky_dif	0. 412 *** (3. 16)	0. 233 * (1. 84)
Size	–0. 008 *** (–5. 17)	–0. 059 *** (–12. 93)
Growth	0. 013 *** (3. 38)	0. 001 (0. 16)
Cashflow	0. 172 *** (9. 26)	0. 144 *** (7. 42)
Capex	–0. 156 *** (–7. 13)	–0. 001 (–0. 03)
Bankdebt	–0. 121 *** (–15. 58)	–0. 026 ** (–2. 30)
NWC	–0. 202 *** (–16. 75)	–0. 138 *** (–7. 75)
Leverage	–0. 302 *** (–14. 51)	–0. 137 *** (–6. 86)
State	–0. 004 (–1. 52)	
Divi	–0. 016 *** (–4. 63)	–0. 016 * (–3. 22)
Cons	0. 598 *** (16. 13)	1. 550 *** (16. 10)
Obs	11125	11125
Year fixed	Yes	Yes
Indus/Firm fixed	*Indus fixed*	*Firm fixed*
Adj R^2	0. 299	0. 113

注：*** 、** 、* 分别表示在 1% 、5% 、10% 水平上显著。括号内为 t 值。

（5）更换行业竞争程度的度量指标

已有研究指出，行业的集中与分散程度直接决定了行业竞争程度的高低。前文我们采用赫芬达尔－赫希曼指数（HHI 指数）度量行业集中度。HHI 指数越小表明行业越分散，竞争程度越高。稳健性检验中，本章借鉴杨兴全等（2015）的研究方法，根据年度行业内的观测值数目确定行业竞争程度。观测值数目越大，意味着行业越分散，行业竞争越激烈。若观测值数目大于年度中位数，则认为该企业所属行业为高竞争行业，虚拟变量 *Hicom_n* 取值为 1，否则为 0。

表 4－19 的回归结果显示，在更换了行业竞争程度的度量方法之后，创新投资 *R&D* 对企业下一期现金持有水平的回归系数在 1% 的水平上显著为正。当采用混合 OLS 模型进行回归估计时，创新投资与高竞争行业交乘项 *RD × Hicom_n* 的回归系数为 0.313，在 5% 的水平上显著为正；当模型中控制了公司固定效应之后，这一交乘项的回归系数为 0.086，在 10% 的水平上显著为正。以上估计结果表明，虽然本书在稳健性检验中更改为以年度行业内的观测值数目度量企业所在行业的竞争程度，但是创新投资与高竞争行业虚拟变量交乘项 *RD × Hicom_n* 前的回归系数仍然显著为正。这意味着行业竞争程度的加剧会促使企业为创新行为预留更多现金，以保障企业通过持续性的科技创新在激烈的行业竞争中获取竞争优势，从而强化了企业创新投资对未来现金持有水平的影响。回归结果与前文结论基本保持一致，假设 4－3 通过稳健性检验。

表 4－19　　更换行业竞争程度度量指标的回归结果

变量	Cashhold OLS	Cashhold 固定效应
R&D	1.003*** (8.08)	1.275*** (7.38)
Hicom_n	−0.001 (−0.14)	−0.025** (−2.07)
RD × Hicom_n	0.313** (2.16)	0.086* (1.77)

续表

变量	Cashhold OLS	Cashhold 固定效应
Size	−0.010 ***	−0.059 ***
	(−6.22)	(−12.93)
Growth	0.020 ***	0.001
	(5.26)	(0.21)
Cashflow	0.152 ***	0.144 ***
	(8.10)	(7.41)
Capex	−0.197 ***	−0.000
	(−8.93)	(−0.01)
Bankdebt	−0.156 ***	−0.026 **
	(−10.94)	(−2.28)
NWC	−0.156 ***	−0.137 ***
	(−13.85)	(−7.73)
Leverage	−0.264 ***	−0.137 ***
	(−12.86)	(−6.85)
State	−0.007 **	
	(−2.08)	
Divi	−0.013 ***	−0.016 ***
	(−3.68)	(−3.25)
Cons	0.588 ***	1.553 ***
	(18.76)	(16.13)
Obs	11125	11125
Year fixed	Yes	Yes
Indus/Firm fixed	*Indus fixed*	*Firm fixed*
Adj R^2	0.259	0.113

注：***、**、*分别表示在1%、5%、10%水平上显著。括号内为t值。

4.4　本章小结

上一章已经证实创新投资会显著增加企业下一期的现金持有，企业会预留更多现金以避免创新活动高昂的调整成本，保证创新行为的持续性。本章则在上一章研究的基础上，探讨企业创新投资影响现金持有水平的决策动机。本章实证检验的第一部分考察了外部融资约束的影响，通过在基本回归模型中加入创新投资与融资约束的交乘项，检验发现由于企业创新受到融资约束，企业为缓解融资约束的影响而为创新投资储存更多现金，从而进一步增加了企业的现金持有；第二部分探讨了企业风险承担水平的影响，通过在回归模型中引入创新投资与高风险承担水平的交乘项，验证了风险承担水平高的企业会为创新投资储备更多现金资产以平衡企业整体风险，避免过度的风险承担使企业陷入财务危机，表现为高风险承担水平会强化创新投资对未来现金持有水平的影响；第三部分检验了行业竞争程度的影响，回归模型中创新投资与高竞争行业交乘项对现金持有水平的估计系数显著为正，表明激烈的行业竞争促使企业重视科技创新的作用，从而为创新投资提供更多现金持有以保障企业通过持续性的科技创新获得竞争优势。在采用分组回归，更换融资约束、风险承担水平、行业竞争程度的度量指标以及考虑宏观经济政策的影响后，以上结论依然稳健。企业科技创新影响现金持有的决策动机如图 4 - 1 所示。

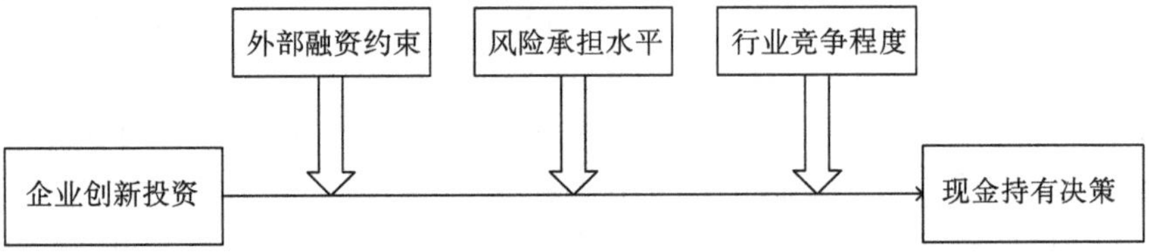

图 4 - 1　企业创新影响现金持有的决策动机

当前文献指出企业创新行为由于其自身的典型特征，如内在高风险、信息不对称、生产周期长、外部估值困难，以及缺乏实物资产充当抵押担保品等，普遍受到更为严重的融资约束。融资约束对于创新投入与创新产出具有显著的抑制作用。在分析融资约束的影响时，更多文献聚焦于融资约束对企业创新的抑制作用，却鲜有文献检验证实融资约束是否强化了企业创新行为对未来现金持有水平的影响。因此，在探讨有关融资约束影响企业现金持有决策的这一问题上，本章的研究结论提出了一个新的分析视角，补充了有关融资约束影响企业现金持有决策的研究发现。

同时，已有研究关注了企业风险承担以及行业竞争对创新行为的影响，以及企业现金持有在防御风险、应对行业竞争中所发挥的作用。但却鲜有文献从企业创新与现金持有之间的相关性角度，考察企业风险承担水平与行业竞争程度的影响。本书检验发现风险承担水平高的企业会为创新投资储存更多现金以平衡风险，从而强化了企业创新投资对未来现金持有水平的影响；激烈的行业竞争促使企业为科技创新提供更多现金持有以保障企业创新的持续性，维持企业竞争优势，同样强化了企业创新投资对未来现金持有水平的影响。

第 5 章 科技创新与现金持有决策：创新异质性分析

本书前面的章节主要从创新投入的角度考察了企业科技创新对现金持有决策的影响，检验发现企业创新投资会显著提高下一期的现金持有水平；外部融资约束的加剧、风险承担水平的提高、激烈的行业竞争都会强化企业创新投资对未来现金持有水平的影响，从而以创新投入的视角验证了企业科技创新会显著影响现金持有决策。本章则更多从创新产出的角度出发，结合企业自身特征，深入剖析企业创新行为的异质性对未来现金持有决策的影响差异，以期能够更加深入与完整地探究企业科技创新对现金持有决策的影响。

自我国大力推进自主创新，实施创新驱动型发展战略以来，越来越多的企业重视科技创新在企业发展中的作用，加大创新投入，提升自主创新能力。然而，企业之间由于所属行业、经济基础、技术水平、科研实力等方面的不同，其创新行为与创新能力也会呈现出显著差异。为此，本章将重点分析企业创新行为的异质性对未来现金持有决策所造成的影响。

5.1 理论分析和研究假设

与一般企业相比，科技主导型企业以科技创新为核心，通过创新获得竞争优势，科技研发在企业中更具有战略地位。因此这一类企业需要把相当大比例的资金用于研发投入，以保持其在同类企业中的竞争优势。对于研发密集的科技主导型企业而言，其生产、经营与销售活动更主要围绕科技创新产品展开，内部用于科技研发的创新产品线更多，直接服务于创新活动的研发部门与研发人员更多，研发体系更复杂。这些都需要更为庞大的资金支持。

然而由于创新活动的高风险性，以及缺乏实物资产充当抵押品，这类企业难以得到充足的外部融资支持，财务上面临更大的融资压力与流动性风险。胡海青等（2015）指出科技主导型企业的典型特点是投资需求高，回报低，其中创新投入的回报率更低。因此这一类企业不仅面临整体的融资约束，而且更难以获得R&D融资。企业内部更需要提前积累足够的现金以支撑其研发项目，应对资金需求，维持其创新产出效率。创新是一种持续性、累积性的行为。如果企业内部资金出现问题，同时又受到较强的外部融资约束，导致不能为研发项目保证及时的资金补充，则有可能造成研发项目的暂停甚至是终止，使企业在市场中丧失竞争优势，威胁企业的生存与发展。

综合上述分析，本章认为，与非科技主导型企业相比，科技主导型企业由于自身特点，对企业未来现金持有的要求更高。本章参考彭红星和毛新述（2017）的研究，通过企业是否隶属于高科技产业，来区分科技主导型企业与非科技主导型企业。

结合以上分析，提出本章假设5-1。

假设5-1：与一般企业相比，科技主导型企业会显著提高企业未来的现金持有水平。

企业科技创新的典型特点之一是创新的持续性。创新不能是一次性或间断性地创新，而应该是持续性、稳定性的创新。创新成果的成功问世，往往需要持续的大量的资金投入，这就要求企业能够始终保持充足的，稳定的资金来源，以保证企业长期的创新能力。然而科技创新强度大的企业，用于精密仪器、专有设备与研发人员上的投资占比更高。这些资产在企业面对资金压力时不容易变现，给企业带来了更大的外部融资压力与资金风险。同时，创新强度大的企业一般具有较高的成长性，放弃价值高的投资机会将承担更大损失，资金短缺的成本更高，因此企业具有更强烈的预防性动机增加现金持有。

基于此，本章认为，企业的科技创新强度越大，对企业未来现金持有水平的要求越高。企业为了继续维持自身的创新强度，把握有价值的投资机会，保持较强的创新发展潜力，在面对外部融资压力时会显著提高企业未来的现金持有水平，以确保充足的资金用于创新投入。

基于此，提出本章假设5－2。

假设5－2：企业的科技创新强度会显著提高企业未来的现金持有水平。

财务柔性是指企业动用所持有的现金及所保留的融资能力去抓住未来可能出现的投资机会或应对未来不确定事件冲击的能力（顾乃康等，2011）。企业可以通过储备较高的现金，维持较低的杠杆等方式获得财务柔性。财务柔性的增加，不仅能够缓解外部融资约束的影响，同时也为可能发生的风险进行了预防性储备。根据财务柔性理论，不确定性更高的企业更倾向于增加现金持有，以维持其财务柔性，避免企业陷入财务危机。而从事高风险性创新活动的企业，其所用技术更复杂，技术标准更高，开发难度更大，普遍面临更大的技术风险与市场风险，前期大量的创新投入更加难以转化为创新项目的成果与收益，最终导致其创新前景与创新绩效有更大的不确定性。一旦创新项目失败，将造成企业现金流的大幅波动。为此本章认为，高风险性创新行为会为企业带来更大的不确定性，导致企业有更大的需求增加现金持有，以维持足够的财务柔性，有效应对财务风险，支持高风险的创新行为。

在此基础上，提出本章假设5－3。

假设5－3：企业的高风险性创新行为会显著提高企业未来的现金持有水平。

5.2 研究设计

5.2.1 数据来源与样本筛选

本章新增的专利数据来源于CSMAR上市公司与子公司专利数据库。

根据CSMAR数据库中专利数据的截止时间，本章的初始研究样本为我国沪、深两市2008—2019年的全部A股上市公司。描述高风险性创新的探索式创新数据由手工比对企业当年申请与前5年已申请专利的IPC前4位后收集整理得到。财务数据与产权性质数据来源于CSMAR数据库与WIND数据库。

按照学术惯例与研究需要，本章对样本数据进行了如下筛选：（1）剔除金融、保险类上市公司；（2）剔除ST公司样本；（3）剔除重要数据缺失的公司样本。经过上述筛选，最终得到2122家企业的11334个公司-年度观测值。同时，为了控制极端值对研究结果的影响，本章对连续变量均进行了1%与99%分位上的Winsorize处理。

5.2.2　变量设计

首先，本章分别采用如下方法定义是否为科技主导型企业、企业的科技创新强度和高风险性创新行为：

为了检验假设5-1，本章回归分析中的第一部分参考彭红星和毛新述（2017）的研究，以企业是否隶属于高科技产业，区分科技主导型企业与非科技主导型企业。若上市企业隶属于高科技产业，则解释变量 $Hightec=1$；若上市企业不属于高科技产业，则 $Hightec=0$。经济合作与发展组织（OECD）规定的高科技产业包括五个行业：计算机相关行业、电子行业、信息技术行业、生物制药行业、通信行业；三个门类：制造业（C），信息传输、软件和信息技术服务业（I），科学研究和技术服务业（M）；19个大类：C25、C26、C27、C28、C29、C31、C32、C34、C35、C36、C37、C38、C39、C40、C41、I63、I64、I65和M73。本章根据研究样本中每一家上市企业的行业代码，确定其是否隶属于高科技产业。

验证本章假设5-2需要用到的解释变量为科技创新强度。葛立宇等（2018）的研究分别采用专利申请强度与研发投入强度度量企业创新强度。朱艳丽（2018）将公司自身研发强度与同行业所有公司平均研发强度的比重作为创新强度的代理变量。本章在第二部分回归分析中参考葛立宇等

(2018) 的处理方法，选择专利申请强度（*Intensity*）作为企业创新强度的代理变量，通过计算企业当年人均专利申请数量确定，从创新产出的视角考察企业创新强度对现金持有决策的影响。在稳健性检验中，则参考朱艳丽（2018）的研究方法，以本企业研发强度与同行业平均研发强度的比重（*vrd_intensity*）度量企业创新强度，更换为从创新投入的角度考察企业创新强度对现金持有决策的影响。

本章假设 5 - 3 从创新行为风险性的角度出发，考察高风险性创新行为对企业现金持有决策的影响。根据企业当期创新成果与已有知识基础、技术路线的关系，创新行为可分为探索式创新和利用式创新，即二元创新（Benner 和 Tushman，2003）。March（1991）指出，利用式创新是一种建立在已有技术基础之上的、小幅度的、渐进式的创新行为，更多是对已有技术的更新与拓展；而探索式创新则是一种打破企业已有研究路径的、完全不同的，激进的、风险性比较大的创新行为。Jia（2018）采用 1992—2002 年美国上市公司的数据研究发现，与利用式创新驱动的公司相比，探索式创新驱动的公司更可能发生未来股价崩盘风险。陈立勇等（2015）指出，已有知识资本和经验积累对企业后续创新行为的影响会在 5 年内大幅度衰减。因此，在确定企业的创新行为是否属于探索式创新时，首先根据专利分类号 IPC 前 4 位确定企业当年申请的专利所属的技术领域；然后观察企业当年申请的专利与前 5 年所申请的专利是否属于同一技术领域。若不在同一个技术领域，则将企业当年的创新行为定义为探索式创新。曾德明等（2016）的研究也指出，可以根据企业某一年申请专利所在的技术领域是否与企业近 5 年来已进入的技术领域不同，来判断企业当年的创新行为是否进入了新的技术领域。若企业该年申请专利的分类号前 4 位在过去 5 年未曾出现，则将企业创新行为确认为探索式创新。与利用式创新相比，探索式创新由于所采用的技术路线与研究方法已脱离了企业原有的知识基础，因此有更大的风险和不确定性。为此，本章第三部分回归分析中将高风险性创新行为虚拟变量 *Hirisk* 的赋值规则确定为：若企业当年申请的专利中，包含有专利类别在过去 5 年内未申请的专利，则 *Hirisk* = 1，否则取 0。

参照已有研究，本章实证模型中涉及变量的定义与计算方式如表5-1所示。

表5-1　　变量定义说明

变量类型	变量名称	变量代码	计算方法
被解释变量	现金持有水平	*Cashhold*	期末现金及现金等价物/资产总额
解释变量	科技主导型企业	*Hightec*	若企业隶属于高科技产业，取1；否则取0
	科技创新强度	*Intensity*	企业当年专利申请数量/该年度企业员工数
	高风险性创新虚拟变量	*Hirisk*	若企业当年申请的专利中，包含有专利类别在过去5年内未申请的专利，取1；否则取0
控制变量	企业规模	*Size*	总资产的自然对数
	成长性	*Growth*	营业收入增长率
	现金流量	*Cashflow*	经营活动现金净流量/资产总额
	资本投资	*Capex*	购买固定资产、无形资产及其他长期资产支付的现金/总资产
	银行债务	*Bankdebt*	(长期借款+短期借款)/总负债
	净营运资本	*NWC*	(流动资产-流动负债-货币资金-交易性金融资产)/总资产
	资产负债率	*Lev*	负债总额/资产总额
	所有权性质	*State*	国有上市公司取1，否则取0
	股利支付哑变量	*Divi*	如果当年企业向股东支付了股利取1，否则取0

5.2.3　实证模型

为了检验前文提出的研究假设5-1，本章构建回归模型如下：

$$Cashhold_{i,t} = \alpha_0 + \alpha_1 \times Hightec_{i,t-1} + \alpha_i \times Contros_{i,t-1} + Fixedeffects + \eta_{i,t} \quad (5-1)$$

模型（5-1）用于检验科技主导型企业是否会显著提高其下一期的现金持有水平，为此，模型中解释变量与控制变量均采用了滞后一期处理。为了控制因遗漏变量产生的内生性问题，回归模型中另外加入了公司固定效应，同时采用多元混合 OLS 回归模型与面板数据的固定效应模型对结果进行估计。模型（5－1）中 $Cashhold_{i,t}$ 作为被解释变量，用来度量企业下一期的现金持有水平；解释变量 *Hightec* 为科技主导型企业虚拟变量，若企业隶属于高科技产业，*Hightec* 取 1，否则取 0。*Hightec* 前估计系数 α_1 的大小、方向和显著性水平，代表了科技主导型企业与非主导型企业在现金持有决策方面的差异，是此处关注的重点，预期 α_1 显著为正。参照已有关于现金持有水平影响因素的研究，模型中选取的控制变量包括：（1）企业规模（*Size*）；（2）成长性（*Growth*）；（3）现金流量（*Cashflow*）；（4）资本投资（*Capex*）；（5）银行借款（*Bankdebt*）；（6）净营运资本（*NWC*）；（7）资产负债率（*Lev*）；（8）所有权性质（*State*）；（9）股利支付哑变量（*Divi*）等。变量的具体定义与计算方法如表 5－1 所示。

$$Cashhold_{i,t} = \beta_0 + \beta_1 \times Intensity_{i,t-1} + \beta_i \times Controls_{i,t-1} + Fixedeffects + \varepsilon_{i,t} \tag{5-2}$$

本章通过构建模型（5－2）考察科技创新强度对企业现金持有决策的影响，并同时采用多元混合 OLS 模型与固定效应回归模型进行分析检验，模型中的解释变量与控制变量采取滞后一期处理。被解释变量仍然为企业下一期的现金持有水平 *Cashhold*。解释变量 *Intensity* 为科技创新强度，参考葛立宇（2018）的研究，采用企业人均专利申请数量进行度量。根据假设 5－2，科技创新强度大的企业，为了保证创新投入的持续平稳，维持自身的创新强度，会显著提高企业下一期的现金持有水平。为此，本章预期科技创新强度 *Intensity* 对未来现金持有水平的回归系数 β_1 显著为正。在稳健性检验中，本章另外采用企业自身研发强度与同行业所有企业平均研发强度的比重度量企业创新强度，从创新投入的视角考察企业创新强度对现金持有决策的影响。

$$Cashhold_{i,t} = \gamma_0 + \gamma_1 \times Hirisk_{i,t-1} + \gamma_i \times Controls_{i,t-1} + Fixedeffects + \zeta_{i,t} \tag{5-3}$$

模型（5－3）用于检验创新行为的风险性差异对企业现金持有决策的影响。模型中的解释变量 *Hirisk* 为高风险性创新虚拟变量。与利用式创新相比，探索式创新由于采用了新技术与新方法，面临着更大的风险与不确定性。为此，若企业当年申请的专利中，包含有专利类别在过去5年内未申请的专利，则将虚拟变量 *Hirisk* 赋值为1，否则为0。根据财务弹性理论，面对更大不确定性的企业倾向于持有更多现金，以维持财务弹性，避免企业陷入财务危机。为此，本章预期模型（5－3）中高风险性创新 *Hirisk* 对企业下一期现金持有水平的回归系数 γ_1 显著为正。

5.3　回归分析

5.3.1　科技主导型企业与现金持有决策

首先通过 Pearson 相关系数检验考察回归模型（5－1）中所用变量的相关性。表5－2给出了回归模型（5－1）中所用变量的相关系数检验结果。从表5－2中可以看出：科技主导型企业虚拟变量 *Hightec* 与企业下一期的现金持有水平 *Cashhold* 在1%的水平上显著正相关（0.106***）。这一结果初步表明与一般企业相比，科技主导型企业会显著提高企业下一期的现金持有水平，符合本章假设5－1的预期。模型中主要控制变量与被解释变量现金持有水平之间都存在一定的相关性，说明模型（5－1）中控制变量的选择基本有效。同时我们可以观测到，变量之间的相关系数均远远小于0.8的临界值，因此能够初步排除严重的多重共线性问题对研究结论造成的干扰，可以采用模型（5－1）进行回归分析。

本书认为，与其他企业相比，科技主导型企业为了保证足够的资金支撑其研发项目，对企业未来的现金持有水平有更高的要求。为了检验这一假设，本章首先采用混合 OLS 模型（5－1）对科技主导型企业与现金持有水平之间的关系进行回归分析。根据企业是否隶属于高科技产业区分科技主导型企业与非科技主导型企业。若企业隶属于高科技产业，虚拟变量 *Hightec* 取值为1，否则为0。由于 HAUSMAN 检验以0.01的水平拒绝了随

表 5-2 模型（5-1）中主要变量的 Pearson 相关系数检验

变量	*Cashhold*	*Hightec* $_{-1}$	*Size* $_{-1}$	*Growth* $_{-1}$	*Cashflow* $_{-1}$	*Capex* $_{-1}$	*Bankdebt* $_{-1}$	*NWC* $_{-1}$	*Lev* $_{-1}$	*State* $_{-1}$	*Divi* $_{-1}$
Cashhold	1.000										
Hightec $_{-1}$	0.106***	1.000									
Size $_{-1}$	-0.265***	-0.233***	1.000								
Growth $_{-1}$	0.050***	0.021*	0.040***	1.000							
Cashflow $_{-1}$	0.211***	-0.015	0.052***	0.036	1.000						
Capex $_{-1}$	0.015	0.013	-0.073***	0.105***	0.137***	1.000					
Bankdebt $_{-1}$	-0.370***	-0.146***	0.151***	0.004	-0.187***	0.127***	1.000				
NWC $_{-1}$	0.188***	0.131***	-0.388***	0.010	-0.129***	-0.041***	-0.375***	1.000			
Lev $_{-1}$	-0.424***	-0.181***	0.544***	0.058***	-0.153***	-0.135***	0.448***	-0.664***	1.000		
State $_{-1}$	-0.192***	-0.114***	0.407***	-0.033***	-0.001	-0.149***	0.063***	-0.303***	0.381***	1.000	
Divi $_{-1}$	-0.142***	-0.112***	0.357***	0.002	0.026**	-0.165***	0.075***	-0.217***	0.297***	0.270***	1.000

注：***、**、*分别表示在 1%、5%、10% 水平上显著。

机效应假设，因此同时采用面板数据的固定效应模型进行回归分析，以消除不可观测因素对回归结果造成的影响，保证研究结论的可靠。

表5-3报告了科技主导型企业虚拟变量（*Hightec*）对企业下一期现金持有水平（*Cashhold*）的回归结果，先后采用了OLS回归模型与固定效应回归模型。结果显示，*Hightec*的回归系数在多元混合OLS回归模型中以1%的水平显著为正（0.095***），在固定效应回归模型中虽然显著性水平有所下降，但仍然以10%的水平显著为正（0.007*）。这一结果表明与一般企业相比，研发密集的科技主导型企业由于自身特点，面临更大的融资压力与流动性风险，对现金持有的依赖度更高，因此会显著提高企业下一期的现金持有水平，以确保足够的资金支撑其研发项目，保证企业创新产出效率。本章假设5-1经过检验成立。

表5-3　　　　科技主导型企业与现金持有水平回归结果

变量	Cashhold OLS	Cashhold 固定效应
Hightec	0.095*** (5.13)	0.007* (1.95)
Size	-0.008*** (-4.99)	-0.057*** (-12.39)
Growth	0.015*** (3.83)	0.001 (0.23)
Cashflow	0.198*** (10.69)	0.162*** (8.29)
Capex	-0.118*** (-5.41)	0.048 (1.01)
Bankdebt	-0.127*** (-16.34)	-0.029*** (-3.60)
NWC	-0.187*** (-15.55)	-0.140*** (-7.80)
Leverage	-0.307*** (-14.85)	-0.151*** (-7.51)

续表

变量	Cashhold OLS	Cashhold 固定效应
State	-0.006* (-1.66)	
Divi	-0.019*** (-5.65)	-0.017*** (-3.40)
Cons	0.587*** (16.08)	1.516*** (15.61)
Obs	8633	8633
Year fixed	Yes	Yes
Indus/Firm fixed	*Indus fixed*	*Firm fixed*
Adj R^2	0.291	0.101

注：***、**、*分别表示在1%、5%、10%水平上显著。括号内为t值。

5.3.2 科技创新强度与现金持有决策

由于企业创新行为的持续性与积累性，本章认为企业的科技创新强度会显著提高企业下一期的现金持有水平，以保证企业有足够的资金发展其创新潜力，维持创新强度。为了检验这一假设，首先采用 Pearson 相关系数检验初步考察企业创新强度与未来现金持有水平之间的关系。

表5-4中的 Pearson 相关系数检验结果显示，创新强度的滞后一期 $Intensity_{-1}$ 与企业现金持有水平显著正相关（0.106***），初步表明创新强度会显著提高企业下一期的现金持有水平，符合假设5-2的预期。同时，模型（5-2）中所涉及的变量之间大多存在着显著的相关性，相关系数最大值为0.664，小于0.8的临界值，可初步排除变量之间存在严重的多重共线性问题。本章随后检测了混合模型（5-2）中所有变量的方差膨胀因子，以进一步排除多重共线性问题对回归结果的干扰，检测结果如表5-5所示。

表 5-4　　模型（5-2）中主要变量的 Pearson 相关系数检验

变量	*Cashhold*	$Intensity_{-1}$	$Size_{-1}$	$Growth_{-1}$	$Cashflow_{-1}$	$Capex_{-1}$	$Bankdebt_{-1}$	NWC_{-1}	Lev_{-1}	$State_{-1}$	$Divi_{-1}$
Cashhold	1.000										
$Intensity_{-1}$	0.134***	1.000									
$Size_{-1}$	-0.265***	-0.116***	1.000								
$Growth_{-1}$	0.050***	0.023**	0.040***	1.000							
$Cashflow_{-1}$	0.211***	-0.014	0.052***	0.036	1.000						
$Capex_{-1}$	0.015	-0.015	-0.073***	0.105***	0.137***	1.000					
$Bankdebt_{-1}$	-0.370***	-0.167***	0.151***	0.004	-0.187***	0.127***	1.000				
NWC_{-1}	0.188***	0.166***	-0.388***	0.010	-0.129***	-0.041***	-0.375***	1.000			
Lev_{-1}	-0.424***	-0.158***	0.544***	0.058***	-0.153***	-0.135***	0.448***	-0.664***	1.000		
$State_{-1}$	-0.192***	-0.101***	0.407***	-0.033***	-0.001	-0.149***	0.063***	-0.303***	0.381***	1.000	
$Divi_{-1}$	-0.142***	-0.078***	0.357***	0.002	0.026**	-0.165***	0.075***	-0.217***	0.297***	0.270***	1.000

注：***、**、* 分别表示在 1%、5%、10% 水平上显著。

表 5-5　　模型（5-2）中主要变量的方差膨胀系数检验

变量	VIF	1/VIF
$Intensity_{-1}$	1.16	0.864
$Size_{-1}$	2.12	0.473
$Growth_{-1}$	1.09	0.921
$Cashflow_{-1}$	1.31	0.762
$Capex_{-1}$	1.24	0.808
$Bankdebt_{-1}$	1.68	0.595
NWC_{-1}	2.45	0.407
Lev_{-1}	3.45	0.290
$State_{-1}$	1.46	0.685
$Divi_{-1}$	1.31	0.765

表 5-5 的检验结果显示，在模型（5-2）中全部变量的方差膨胀系数中，资产负债率 *Lev* 的 VIF 值达到最大，为 3.45，但仍明显小于 10 的临界值。其余变量的方差膨胀系数大多在 1 与 2 之间，表明模型设定不存在严重的多重共线性问题。尤其是模型（5-2）中的关键解释变量创新强度 *Intensity*，其方差膨胀因子仅为 1.16，远远小于 10 的临界值。综上，本章认为变量之间的相关性不足以产生严重的多重共线性问题，可以直接采用模型（5-2）进行回归分析，检验企业创新强度对未来现金持有水平的影响。

表 5-6 中的第（1）列与第（2）列分别报告了在混合 OLS 与固定效应回归模型下，企业当期的创新强度（*Intensity*）对下一期现金持有水平（*Cashhold*）的影响结果。表中数据显示，企业创新强度的回归系数在 OLS 模型中以 1% 的水平显著为正（0.323^{***}），在固定效应回归模型中则以 10% 的水平显著为正（0.096^{*}）。这一结果表明企业的科技创新强度显著提高了下一期的现金持有水平，假设 5-2 经过检验成立。由于企业创新行为的持续性，创新强度更大的企业未来会储备更多现金，以保证其研发投入资金的稳定，巩固其竞争优势，维持已有的创新强度。

表 5-6　　企业创新强度与现金持有水平回归结果

变量	Cashhold OLS（1）	Cashhold 固定效应（2）
Intensity	0.323*** (5.25)	0.096* (1.72)
Size	-0.002* (-1.68)	-0.071*** (-8.98)
Growth	0.025*** (5.43)	0.013*** (3.24)
Cashflow	0.217*** (11.16)	0.144*** (7.21)
Capex	-0.129*** (-5.79)	0.074 (1.14)
Bankdebt	-0.116*** (-14.21)	-0.038*** (-3.31)
NWC	-0.197*** (-15.46)	-0.191*** (-10.29)
Leverage	-0.340*** (-16.29)	-0.247*** (-11.44)
State	-0.003 (-0.75)	
Divi	-0.014*** (-4.14)	-0.011** (-2.45)
Cons	0.507*** (12.12)	1.862*** (13.52)
Obs	8607	8607
Year fixed	Yes	Yes
Indus/Firm fixed	*Indus fixed*	*Firm fixed*
Adj R^2	0.332	0.132

注：***、**、* 分别表示在 1%、5%、10% 水平上显著。括号内为 t 值。

需要说明的是，此处回归模型中解释变量 *Intensity* 的度量方法参考葛立宇等（2018）的研究，通过计算企业当年人均专利申请数量进行度量。在稳健性检验中，则参考朱艳丽（2018）的研究，从创新投入的角度，以“公司自身研发强度与同行业所有公司平均研发强度的比重”作为创新强度的代理变量，代入回归模型进行稳健性检验。

5.3.3 高风险性创新与现金持有决策

本节关注的是企业创新行为异质性的第三个方面：高风险性创新对企业现金持有决策的影响。根据二元式创新理论，创新可分为探索式创新与利用式创新（Benner 和 Tushman，2003）。利用式创新以企业现有的知识基础为依托，重点是对已有技术的提炼、强化和改进（曾德明，2016）。探索式创新则是脱离了企业原有的知识基础，进入了一个全新的技术领域，是一种冒险的、激进的创新行为，具有更大的风险和不确定性。因此参考前人研究，本章把探索式创新界定为高风险性创新行为。

为了检验企业高风险性创新对未来现金持有水平的影响，本章首先通过 Pearson 相关系数检验模型（5－3）中主要变量之间的相关性。表 5－7 给出了所用变量的相关性检验结果。表中数据显示：高风险性创新的滞后一期 $Hirisk_{-1}$ 与被解释变量现金持有 *Cashhold* 在 1% 的水平上显著正相关（0.030***），初步表明高风险性创新行为会显著提高企业下一期的现金持有水平，符合本章假设 5－3 的预期。同时，主要控制变量与被解释变量现金持有水平之间都存在一定的相关性，表明模型中控制变量的选择基本有效。

Pearson 相关系数检验结果显示，模型（5－3）中各变量之间普遍存在着显著的相关性，这引起我们对于多重共线性问题的担忧。为了排除严重的多重共线性问题对回归结果的干扰，本章检测了混合模型下所用变量的方差膨胀系数，检验结果如表 5－8 所示。

表 5-7　　　　模型（5-3）中主要变量的 Pearson 相关系数检验

变量	*Cashhold*	*Hirisk* $_{-1}$	*Size* $_{-1}$	*Growth* $_{-1}$	*Cashflow* $_{-1}$	*Capex* $_{-1}$	*Bankdebt* $_{-1}$	*NWC* $_{-1}$	*Lev* $_{-1}$	*State* $_{-1}$	*Divi* $_{-1}$
Cashhold	1.000										
Hirisk $_{-1}$	0.030 ***	1.000									
Size $_{-1}$	-0.348 ***	-0.164 **	1.000								
Growth $_{-1}$	0.241 ***	0.015	-0.095	1.000							
Cashflow $_{-1}$	0.277 ***	-0.022	0.075	0.298	1.000						
Capex $_{-1}$	-0.077	-0.074	-0.086	0.187 ***	0.089	1.000					
Bankdebt $_{-1}$	-0.360 ***	-0.063	0.241 ***	-0.066	-0.117 *	0.113	1.000				
NWC $_{-1}$	0.339 ***	-0.087	-0.439 ***	0.103	-0.101	-0.044	-0.434 ***	1.000			
Lev $_{-1}$	-0.415 ***	0.089	0.493 ***	-0.110	-0.239 ***	-0.035	0.494 ***	-0.725 ***	1.000		
State $_{-1}$	-0.158 ***	0.041	0.347 ***	-0.274 ***	-0.163 **	-0.229 ***	0.048	-0.310 ***	0.375 ***	1.000	
Divi $_{-1}$	-0.011 ***	0.094	0.187 ***	-0.094	0.075	-0.215 ***	0.005	-0.161 **	0.169 *	0.168 **	1.000

注：***、**、* 分别表示在1%、5%、10%水平上显著。

表 5-8　　模型（5-3）中所用变量的方差膨胀系数检验

变量	VIF	1/VIF
$Hirisk_{-1}$	1.23	0.815
$Size_{-1}$	2.26	0.442
$Growth_{-1}$	1.18	0.845
$Cashflow_{-1}$	1.30	0.766
$Capex_{-1}$	1.30	0.770
$Bankdebt_{-1}$	1.76	0.567
NWC_{-1}	2.96	0.337
Lev_{-1}	3.82	0.262
$State_{-1}$	1.61	0.620
$Divi_{-1}$	1.36	0.734

检验结果显示，模型（5-3）中各变量的方差膨胀系数 VIF 值最大为 3.82，出现在杠杆率水平的滞后一期上，但仍远小于 10 的临界值。新引入的关键解释变量 *Hirisk* 的 VIF 值为 1.23，为此我们确定模型（5-3）的各变量之间不存在严重的多重共线性问题，可以通过回归模型（5-3）检验企业高风险性创新行为对现金持有决策的影响。

Pearson 相关系数检验的是两个变量之间的相关性，为了考察在多变量共同作用下，企业高风险性创新对下一期现金持有水平的影响，本章构建了回归模型（5-3），依次采用多元混合 OLS 模型与固定效应回归模型进行检验分析，以控制由不可观测的遗漏变量产生的内生性问题，高风险性创新对现金持有水平的回归结果如表 5-9 所示。

需要说明的是，本章的初始研究样本为 2008—2019 年我国沪深 A 股非金融类上市公司。本章参考已有研究，根据探索式创新的确定方法，以企业当年申请的专利中，是否包含有专利类别（由 IPC 前 4 位确定）在过去 5 年内未申请的专利，来判断企业当年的创新行为是否为高风险性创新行为。这就要求样本中至少包含有连续 6 年的观测值，有效数据从 2013 年开始。为此我们从初始研究样本中删除了缺失连续 6 年观测值的样本。同时对模型中的连续性变量进行了 1% 与 99% 分位上的缩尾处理，以控制极端值对回归结果的影响。关键解释变量与控制变量采用了滞后一期处理，以控制内生性问题。以上数据处理方法导致表5－9中的公司－年度观测值与初始研究样本相比有大幅度的缩减。

表5－9 高风险性创新与现金持有水平回归结果

变量	Cashhold OLS	Cashhold 固定效应
Hirisk	0.022** (1.99)	0.020* (1.78)
Size	-0.002** (-1.99)	-0.121*** (-5.13)
Growth	0.026* (1.76)	0.020 (1.06)
Cashflow	0.385*** (6.54)	0.296*** (3.42)
Capex	-0.006 (-0.07)	0.113 (0.85)
Bankdebt	-0.109*** (-4.52)	-0.058** (-1.98)
NWC	-0.191*** (-5.21)	-0.531*** (-6.72)
Leverage	-0.351*** (-8.92)	-0.530*** (-5.93)
State	-0.011** (-1.97)	
Divi	-0.018* (-1.80)	-0.010 (-0.40)
Cons	0.353* (1.95)	-1.277*** (4.42)
Obs	1106	1106
Year fixed	Yes	Yes
Indus/Firm fixed	*Indus fixed*	*Firm fixed*
Adj R^2	0.452	0.342

注：***、**、*分别表示在1%、5%、10%水平上显著。括号内为t值。

表 5 - 9 的回归结果显示，无论是采用多元混合 OLS 回归模型还是固定效应回归模型，高风险性创新的虚拟变量 *Hirisk* 对企业下一期现金持有水平的回归系数均显著为正（0.022**，0.020*），符合本书的预期。表明高风险性创新行为会显著提高企业下一期的现金持有水平，假设 5 - 3 经过检验成立。根据财务弹性理论，企业可通过增加现金持有、降低财务杠杆等方式获得弹性。面对更大不确定性的企业倾向于多持有现金以维持财务弹性，避免陷入财务危机。高风险性创新行为由于技术风险和市场风险，其创新产出和市场前景有着更大的不确定性，会给企业带来较大的风险。在这种情形下，企业会进一步增加现金持有以维持其财务弹性，支持高风险的创新活动，避免创新失败使企业陷入财务困境。数据上表现为高风险性创新行为显著提高了企业下一期的现金持有水平，*Hirisk* 的回归系数显著为正。

5.3.4 稳健性检验

（1）采用超额现金持有替代原现金持有水平

为了验证本章主要研究结论的稳健性，我们更换了模型中主要解释变量与被解释变量的度量方法。首先，我们用超额现金持有水平替代原回归方程中的现金持有水平，进行稳健性检验。超额现金持有水平的计算方法参考杨兴全等（2009）、卢馨等（2013）的研究，采用 2008—2019 年我国沪深 A 股所有非金融类上市公司数据，通过模型（5 - 4）估计企业正常现金持有水平。

$$Cash = Cashflow + Capex + Size + TobinQ + Divi + Bankdebt + NWC + Leverage + \sum Year + \sum Industry \quad (5-4)$$

当公司的实际现金持有水平超过该正常值时，超出部分即为超额现金持有水平，记为 $\Delta Cashhold$。然后，用 $\Delta Cashhold$ 作为被解释变量，先后代入回归模型（5 - 1）（5 - 2）（5 - 3）中进行稳健性检验，依次考察科技主导型企业、企业的科技创新强度、高风险性创新行为对现金持有水平的影响，检验结果如表 5 - 10、表 5 - 11、表 5 - 12 所示。

表5-10　　科技主导型企业与超额现金持有

变量	ΔCashhold OLS	ΔCashhold 固定效应
Hightec	0.091***	0.006*
	(4.48)	(1.79)
Size	-0.019***	-0.006
	(-5.83)	(-1.63)
Growth	0.022***	0.006
	(5.31)	(1.58)
Cashflow	0.146***	0.033
	(7.23)	(1.58)
Capex	-0.436***	-0.005
	(-8.39)	(-0.19)
Bankdebt	-0.092***	-0.016***
	(-10.81)	(-3.37)
NWC	-0.050***	-0.142***
	(-3.79)	(-7.54)
Leverage	-0.101***	-0.074***
	(-7.48)	(-3.46)
State	-0.005	
	(-1.38)	
Divi	-0.044***	0.013**
	(-9.73)	(2.53)
Cons	0.631***	1.150***
	(15.82)	(14.83)
Obs	8633	8633
Year fixed	Yes	Yes
Indus/Firm fixed	*Indus fixed*	*Firm fixed*
Adj R^2	0.169	0.010

注：***、**、*分别表示在1%、5%、10%水平上显著。括号内为t值。

表5-10的回归结果显示，科技主导型企业虚拟变量*Hightec*对超额现金持有水平的回归系数在OLS回归模型中以1%的水平显著为正

(0.091***)，在固定效应回归模型中以10%的水平显著为正（0.006*）。这一结果表明与其他企业相比，科技主导型企业持有更多的超额现金。这是因为创新在科技主导型企业中更具战略地位，同时科技主导型企业由于自身特点受到更严重的融资约束（胡雪青等，2015），倾向于增加现金持有以满足科技创新的资金需求，从而提高了企业下一期的超额现金持有水平。所得结论与前文保持一致，假设5-1通过稳健性检验。

表5-11　　科技创新强度与超额现金持有

变量	ΔCashhold OLS	ΔCashhold 固定效应
Intensity	0.418*** (6.13)	0.045* (1.75)
Size	-0.023*** (-12.39)	-0.007 (-1.25)
Growth	0.027*** (5.43)	0.005 (1.18)
Cashflow	0.122* (1.68)	0.058*** (2.63)
Capex	-0.443*** (-7.90)	-0.014 (-0.53)
Bankdebt	-0.103*** (-11.37)	0.008 (0.60)
NWC	0.032 (1.25)	-0.152*** (-7.35)
Leverage	-0.128*** (-8.90)	-0.082*** (-3.43)
State	-0.003 (-0.54)	
Divi	-0.048*** (-12.47)	0.003 (0.62)
Cons	0.588*** (12.68)	1.178*** (9.62)

续表

变量	ΔCashhold OLS	ΔCashhold 固定效应
Obs	8607	8607
Year fixed	Yes	Yes
Indus/Firm fixed	*Indus fixed*	*Firm fixed*
Adj R^2	0.189	0.037

注：***、**、*分别表示在1%、5%、10%水平上显著。括号内为t值。

表5-11的回归结果显示，当被解释变量更换为超额现金持有水平后，企业的科技创新强度 *Intensity* 对超额现金持有水平的回归系数在OLS回归模型中以1%的水平显著为正（0.418***），在固定效应回归模型中以10%的水平显著为正（0.045*）。这一结果表明企业的科技创新强度越大，越会在期末预留更多的超额现金，以满足更大的资金需求，维持自身的创新强度，巩固竞争优势，假设5-2通过稳健性检验。需要说明的是，此处创新强度仍然采用企业当年人均专利申请数量进行度量，在后续的稳健性检验中，本章更换了科技创新强度的度量方法。

表5-12　　高风险性创新与超额现金持有

变量	ΔCashhold OLS	ΔCashhold 固定效应
Hirisk	0.022* (1.95)	0.011* (1.82)
Size	-0.029*** (-4.70)	-0.164 (-1.33)
Growth	0.022 (1.47)	0.059*** (3.10)
Cashflow	0.344*** (5.77)	0.437*** (4.98)
Capex	-0.732*** (-7.53)	-0.707*** (-5.14)
Bankdebt	-0.220*** (-9.01)	-0.371*** (-6.26)

续表

变量	ΔCashhold OLS	ΔCashhold 固定效应
NWC	-0.115*** (-3.10)	-0.232*** (-2.91)
Leverage	-0.153*** (-3.84)	-0.409*** (-4.54)
State	-0.011 (-0.98)	
Divi	-0.065*** (-6.27)	-0.071*** (-2.75)
Cons	0.327* (1.78)	1.479*** (4.43)
Obs	1106	1106
Year fixed	Yes	Yes
Indus/Firm fixed	*Indus fixed*	*Firm fixed*
Adj R^2	0.403	0.125

注：***、**、*分别表示在1%、5%、10%水平上显著。括号内为t值。

表5-12的回归结果显示，高风险性创新虚拟变量*Hirisk*对超额现金持有水平的回归系数在OLS回归模型与固定效应回归模型中均以10%的水平显著为正（0.022*，0.011*）。原因是高风险创新由于所用技术更复杂，技术标准更高，开发难度更大，普遍面临更大的技术风险与市场风险，会为企业带来更大的不确定性。现金是企业防御风险的有效工具，企业会预留更多现金以保持财务柔性，避免因高风险创新项目的失败使企业陷入流动性危机，从而提高了企业的超额现金持有水平。假设5-3通过稳健性检验。

（2）更换企业创新强度的代理变量

在前文的回归分析中，采用人均专利申请数量度量企业创新强度，从创新产出的角度检验企业的科技创新强度对现金持有水平的影响，验证了假设5-2的成立。在此处的稳健性检验中，则站在创新投入的角度，参考朱艳丽（2018）的研究，以企业自身的研发强度与同行业同一年度所有企业平均研发强度的比重作为该企业创新强度 *vrd_intensity* 的代理变量，代入回归模型（5-2）中进行回归分析。

表 5-13 的稳健性检验结果显示，更换了度量方法的企业创新强度 *vrd_intensity* 对下一期现金持有水平的回归系数仍然以 10% 的水平显著为正（0.0003*）。虽然由于代理变量的选择不同，稳健性检验中的创新强度对企业下一期现金持有水平的影响与前文相比有所减弱，但影响方向仍然显著为正。这一结果再次表明企业的科技创新强度会显著提高未来的现金持有水平，结论未受代理变量选择的影响，假设 5-2 经过稳健性检验成立。

表 5-13　　企业创新强度影响现金持有的稳健性检验

变量	Cashhold OLS	Cashhold 固定效应
Vrd_intensity	0.0003* (1.88)	0.0002 (1.63)
Size	-0.001*** (-3.80)	-0.072*** (-10.83)
Growth	0.025*** (5.39)	0.013*** (3.10)
Cashflow	0.215*** (10.97)	0.144*** (7.13)
Capex	-0.139*** (-6.14)	-0.074 (-1.08)
Bankdebt	-0.115*** (-13.92)	-0.036*** (-3.06)
NWC	-0.200*** (-15.52)	-0.200*** (-10.61)
Leverage	-0.349*** (-6.62)	-0.253*** (-11.54)
State	-0.003 (-0.78)	
Divi	-0.014*** (-4.09)	0.011** (2.12)

续表

变量	Cashhold OLS	Cashhold 固定效应
Cons	0.481*** (10.96)	1.886*** (13.23)
Obs	8464	8464
Year fixed	Yes	Yes
Indus/Firm fixed	*Indus fixed*	*Firm fixed*
Adj R^2	0.330	0.131

注：***、**、*分别表示在1%、5%、10%水平上显著。括号内为t值。

（3）更换高风险性创新的代理变量

为了再次验证本章提出的第3个假设，高风险性创新会显著提高企业未来的现金持有水平，此处参考罗能生等（2018）的研究方法，重新定义高风险性创新虚拟变量：若企业创新投入增长率超过后一期的净利润增长率，则认为存在创新风险，虚拟变量 *RD_hirisk* 取值为1，否则为0。将重新赋值后的该虚拟变量代入模型（5-3）进行回归估计，结果如表5-14所示。

表5-14　　高风险性创新影响现金持有的稳健性检验

变量	Cashhold OLS	Cashhold 固定效应
RD_hirisk	0.003* (1.76)	0.002* (1.69)
Size	-0.002** (-2.13)	-0.060*** (-11.28)
Growth	0.025*** (5.52)	0.007* (1.69)
Cashflow	0.215*** (11.10)	0.153*** (7.60)
Capex	-0.132*** (-5.91)	0.033 (1.37)
Bankdebt	-0.118*** (-4.55)	-0.040** (-3.45)

续表

变量	Cashhold OLS	Cashhold 固定效应
NWC	-0.199*** (-5.62)	-0.161*** (-8.56)
Leverage	-0.346*** (-6.78)	-0.210*** (-9.67)
State	-0.003 (-0.72)	
Divi	-0.014*** (-4.08)	-0.152*** (-3.26)
Cons	0.504*** (12.04)	1.613*** (14.39)
Obs	8633	8633
Year fixed	Yes	Yes
Indus/Firm fixed	*Indus fixed*	*Firm fixed*
Adj R^2	0.452	0.342

注：***、**、*分别表示在1%、5%、10%水平上显著。括号内为t值。

表5-14的稳健性检验结果显示，当我们更换了虚拟变量“高风险性创新”的赋值方法后，这一关键解释变量 *RD_hirisk* 仍然与企业下一期的现金持有水平显著正相关（0.003*，0.002*）。这一结果再次说明高风险性创新会正向影响企业未来的现金持有水平。面对高风险性创新为企业带来的不确定性，企业会显著增加现金持有以保持财务弹性，积极应对风险，避免企业陷入财务困境。所得结论与前文保持一致，假设5-3通过稳健性检验。

5.4　本章小结

在前面的章节中本书重点从创新投入的角度探讨企业科技创新对现金

持有决策的影响，本章则更多地站在创新产出的视角，分析企业自身特征及其创新行为的异质性对现金持有决策的影响差异。

本章依次探讨了企业是否隶属于高科技产业、企业的科技创新强度，以及高风险性创新行为对企业未来现金持有水平的影响。通过回归模型检验发现：第一，与其他企业相比，研发密集的科技主导型企业会显著提高下一期的现金持有水平，以确保资金投入的平稳，保证其创新产出效率；第二，以人均专利申请数量度量的科技创新强度会显著提高企业下一期的现金持有水平。创新行为的持续性要求企业始终保持高水平的资金投入，以维持其已有的创新强度，巩固其竞争优势。因此科技创新强度越大的企业，越会选择多持有现金。第三，以探索式创新界定的高风险性创新行为会显著提高企业下一期的现金持有水平。根据财务柔性理论，面对更大不确定性的企业倾向于多持有现金以获得财务柔性，应对风险可能造成的损失。在稳健性检验中，我们依次采用超额现金持有替代原现金持有水平，更换了企业科技创新强度的度量方法，以及虚拟变量高风险性创新的赋值方法，所得结论与前文保持一致。

在基本回归分析的基础上，本章纵向上深入探讨了企业创新行为的异质性对现金持有决策的影响。通过将企业的创新行为按照不同标准进行细分，剖析了企业创新行为的异质性对未来现金持有决策的影响差异（见图5－1)。横向上弥补了前文单一从创新投入的视角检验创新行为影响现金持有决策的片面性，更多从创新产出的角度进行设定，从而使本章有关企业创新行为影响现金持有决策的研究更加全面与完整。

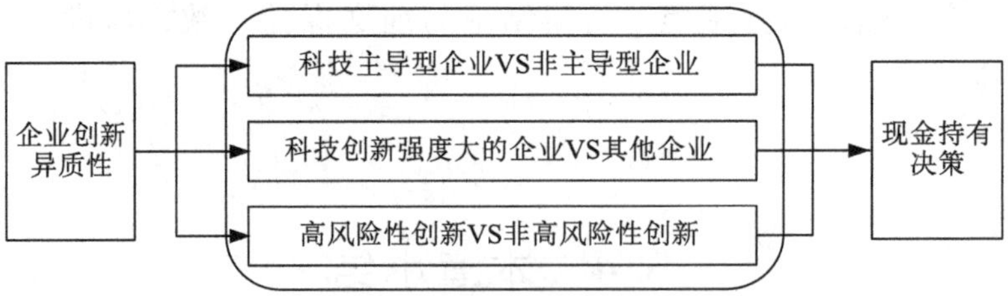

图5－1　企业创新异质性对现金持有决策的影响差异

第 6 章

科技创新与现金持有决策：内外部治理的影响

在之前的章节中本书检验证实了企业科技创新对未来现金持有水平的影响，进一步分析了企业科技创新影响现金持有水平的决策动机，以及企业创新行为的异质性对现金持有决策的影响差异。现金是最易被侵占的公司资源，能够同时为管理层与控股股东的利益侵占行为提供便利条件。已有研究文献证实，代理问题会消耗公司现金资产，因而有可能弱化企业创新行为对现金持有的影响（Kalcheva 和 Lins，2007）。但是有效的内部治理措施与更好的外部治理环境，能够抑制企业内部人的机会主义行为，减少管理层和控股股东对公司资源与股东财富的侵占。为此，本章将依次检验企业内部治理措施与外部治理环境是否会直接影响企业科技创新与现金持有之间的关系，从而试图探讨企业内外部治理的差异是否会改变企业科技创新对现金持有决策的影响。

6.1　理论分析与研究假设

现金作为流动性最强的资产，能够同时为管理层与控股股东的利益转移提供机会，增加管理层与大股东满足个人私利而滥用公司资源的条件。管理层与公司股东相比，厌恶风险的程度更强，追逐个人私利的动机使他们对高风险的创新项目大多采取消极回避的态度。控股股东则更加倾向于把资金投向能够实现自身控制权收益的项目中去。而有效的内部治理措施，能够通过抑制两类代理问题，减少管理层与控股股东对公司资源的消耗。已有研究发现，完善的内部治理机制可以发挥制度的驱动与激励作用，更合理地分配股东与管理层之间的权利和利益，从而有效激励管理层增加创新投入，缓解企业科技创新投入不足的问题。Tylecote（2007）指出特定的内部治理措施直接影响了企业在创新活动以及技术革新方面的财务决策。Johnson 等（2000）检验发现当管理层持股比例处于较低水平时，大股东掏空行为会使管理层所承担的成本随着其持股比例的增加而增加。Jing 和 Gou（2010）认为股权激励对创新投入有显著的促进作用。陈乾坤等（2015）证明，当其他大股东与控股股东形成制衡之势时，能够共同控制、相互牵制，对企业经营与经理人行为形成共同监督。Laeven 和 Levine（2004）检验证实股权制衡能够降低股权集中对科技创新的不利影响，促进企业科技创新。Kahn 和 Winton（1998）研究发现股权制衡限制了控股股东为了实现个人私利而开展的非效率投资行为，减少了其他投资项目对创新资金的挤占。何凤（2018）认为股权高度集中的情况下，随着公司流通股比例的增加，公司股东有了共同的利益基础，这既有利于更多的外部大股东开始真正关注公司的市场价值，从而起到有效监督管理层的作用，也有利于加强股东之间的相互监督，在一定程度上约束大股东侵占小股东利益的“掏空”行为。

基于以上分析，本书认为有效的内部治理措施，能够减少公司内部人对于现金持有的无谓消耗，从而使现金持有更直接地来源于企业创新的资金需求。故而提出本章第一个假设。

假设 6 - 1：有效的内部治理措施，能够强化企业创新行为对现金持有水平的影响。

外部治理是企业外部的利益相关者对企业经营过程中的行为进行的规范、监督、制约活动和制度安排（叶陈刚，2015）。当前我国上市公司的治理机制不够健全，投资者保护制度还不够完善，地区之间的市场化程度有明显差异。在外部治理环境更好的地区，法律基础更为完善，法治水平更高，投资者保护程度更强，企业信息更为公开透明，管理层与控股股东的行为受到更为严格的监管与约束，从而使企业创新行为中的两类代理问题得到有效抑制。在这一环境下，企业内部人的资源转移行为得到有效遏制，企业现金资产得到保护。已有研究发现，法治水平的提高与投资者保护程度的加强，能够促进企业科技创新，直接影响企业创新投入与创新绩效。政府干预程度的降低有助于减轻创新资金的错配程度，从而增加企业的创新投入。高质量的外部审计不仅有利于研发团队及时调整新产品的生产计划，还能够帮助企业改进研发战略、市场战略、财务战略等，更有效地支持企业创新活动。Driver 和 Guedes（2012）指出，好的外部治理环境能够通过提高投资者保护程度，提高企业信息透明度，强化外部监督，促进企业科技创新。基于此，提出本章第二个假设。

假设 6 - 2：更好的外部治理环境，能够强化企业创新行为对现金持有水平的影响。

6.2　研究设计

6.2.1　样本选择与数据来源

本章的初始研究样本为我国沪、深两市 2008—2019 年的全部 A 股上市公司。新增的公司治理数据、财务数据与产权性质数据来源于 CSMAR 数据库与 WIND 数据库。本章对样本数据进行如下筛选：（1）剔除金融、保险类上市公司；（2）剔除 ST 公司样本；（3）剔除在样本期间未披露研发费用的上市公司；（4）剔除重要数据缺失的公司样本。经过上述筛选，最终得到 2217 家企业的 13622 个公司 - 年度观测值。同时，为了控制极端值对研究结果的影响，本书对连续变量均进行了 1% 与 99% 分位上的 winsorize 处理。

6.2.2 变量设计

当前被中西方学者理论和实践证明有效的内部治理措施有管理层持股、多个大股东股权制衡，以及高度集中的股权结构下股东人数与流通股比例的增加等。管理层持股的治理动机来源于通过将公司价值引入至管理者自身的效用函数，协调了管理者与股东的利益目标，促使管理者更加关注公司的长远发展，从而抑制科技创新中的第一类代理问题。股东人数的增加则意味着来自外部市场的更严格的监管，因此能够有效约束大股东的行为，减少了大股东对企业现金资产的侵占。流通股比例的增加不仅使更多的外部大股东开始真正关注企业的市场价值，起到有效监督管理层，抑制第一类代理问题的作用，还有利于加强股东之间的相互监督，在一定程度上约束大股东的“掏空”行为，抑制了企业创新中的第二类代理问题。制衡式的股权结构不仅使其他大股东对第一大股东形成有效制约，还能促使大股东彼此之间进行有效监督，互相约束，减少大股东对企业现金资产的侵占与挪用。基于上述研究发现，在考察内部治理措施对企业创新行为与现金持有之间关系的影响时，本章在初始回归模型的控制变量中添加了管理层持股比例（*Manahold*）、股东人数（*Holders*）、流通股比例（*Tradeshare*）以及股权制衡度（*Sharebal*）等公司治理变量。在考察外部治理环境的影响时，本章参考李科和徐龙炳（2009）的研究，采用各省（自治区、直辖市）市场化指数（*Market*）来衡量企业的外部治理环境。在稳健性检验中，以是否由全国排名前十位的会计师事务所审计（*Bigaudit*）衡量企业的外部治理环境。已有研究发现，由大型会计师事务所负责审计的企业信息透明度更高，更能对内部人行为进行有效约束。其余变量的定义与计算方法跟前文保持一致，具体如表 6 - 1 所示。

表 6 - 1　　变量定义说明

变量类型	变量名称	变量代码	计算方法
被解释变量	现金持有水平	*Cashhold*	期末现金及现金等价物/资产总额
解释变量	创新投资	*R&D*	研发费用/资产总额

续表

变量类型	变量名称	变量代码	计算方法
新增控制变量与分组变量	内部治理措施		
	a. 管理层持股比例	*Gov*: *Manahold*	董、监、高所持股份之和/总股份
	b. 股东人数	*Holders*	期末股东人数的自然对数
	c. 流通股比例	*Tradeshare*	已流通股份/总股份
	d. 股权制衡度	*Sharebal*	第二到第五大股东持股比例和/第一大股东持股比例
	外部治理环境		
	a. 好的外部治理环境	*Market*	企业所在地为市场化程度一直排在全国前11位的地区
	b. 大所审计	*Bigaudit*	由全国排名前十位的会计师事务所审计
控制变量	企业规模	*Size*	总资产的自然对数
	成长性	*Growth*	营业收入增长率
	现金流量	*Cashflow*	经营活动现金净流量/资产总额
	资本投资	*Capex*	购买固定资产、无形资产及其他长期资产支付的现金/总资产
	银行债务	*Bankdebt*	(长期借款+短期借款)/总负债
	净营运资本	*NWC*	(流动资产-流动负债-货币资金-交易性金融资产)/总资产
	资产负债率	*Lev*	负债总额/资产总额
	所有权性质	*State*	国有上市公司取1，否则取0
	股利支付哑变量	*Divi*	如果当年企业向股东支付了股利取1，否则取0

6.2.3　回归模型

为了检验假设6-1，有效的内部治理措施能够强化企业创新行为对现金持有水平的影响，本章参考已有研究，在基本回归模型的控制变量中加入内部治理变量，生成新的回归模型（6-1）。模型中的解释变量与控制变量仍然采取滞后一期处理。通过对比两个模型中创新投资回归系数的大小与显著性水平差异，检验该假设是否成立。回归模型（6-1）如下所示：

$$Cashhold_{i,t} = \delta_0 + \delta_1 R\&D_{i,t-1} + \delta_2 Manahold_{i,t-1} + \delta_3 Tradeshare_{i,t-1} + \delta_4 Holders_{i,t-1} + \delta_5 Sharebal_{i,t-1} + \delta_i \times Controls_{i,t-1} + Fixedeffects + \varepsilon_{i,t} \quad (6-1)$$

对于假设6－2的检验，本章主要采用分组回归法，对比好的外部治理环境与差的外部治理环境中，创新投资对现金持有水平回归系数的大小与显著性水平差异，以检验好的外部治理环境能否强化企业创新行为对现金持有水平的影响。

6.3 回归分析

6.3.1 描述性统计

表6－2报告了模型中主要变量的描述性统计。其中，管理层持股比例（*Manahold*）的最大值为0.700，最小值为0.000，均值为0.133，说明我国上市企业中的管理层持股比例波动较大；*Tradeshare* 衡量企业流通股比例，其最大值为1.000，最小值为0.159，均值（中位数）为0.704（0.758），表明我国上市企业流通股占总股份的平均比例为70.4%。*Holders* 为企业期末股东人数的自然对数，参考已有研究用以度量股权分散性，其最大值为12.917，最小值为8.349，均值（中位数）为10.302（10.229）。其余变量的描述性统计结果请参照表6－2，此处不再赘述。

表6－2　　描述性统计

变量	观测值	平均值	中位数	标准差	最小值	最大值
Cashhold	13622	0.267	0.165	0.343	0.010	0.801
R&D	13622	0.020	0.015	0.023	0.000	0.120
Manahold	13622	0.133	0.001	0.209	0.000	0.700
Tradeshare	13622	0.704	0.758	0.282	0.159	1.000

续表

变量	观测值	平均值	中位数	标准差	最小值	最大值
Holders	13622	10.302	10.229	0.961	8.349	12.917
Sharebal	13622	0.664	0.494	0.601	0.004	3.988
Size	13622	21.880	21.680	1.268	19.574	25.937
Growth	13622	0.171	0.095	0.420	-0.486	2.870
Cashflow	13622	0.052	0.049	0.091	-0.232	0.334
Capex	13622	0.075	0.051	0.075	0.001	0.399
Bankdebt	13622	0.304	0.301	0.238	0.000	0.825
NWC	13622	0.023	0.037	0.196	-0.541	0.455
Lev	13622	0.423	0.415	0.216	0.040	0.934
State	13622	0.372	0	0.483	0	1
Divi	13622	0.402	0	0.490	0	1

6.3.2　内部治理、创新投资与现金持有决策

根据廖理等（2009）、Chen（2016）的研究发现，管理层持股能够一致化管理层与股东的利益目标，增加管理层攫取私利的成本，抑制第一类代理问题。流通股比例与股东人数的增加，意味着来自外部市场的更严格的监督力量，从而对管理层与控股股东的自利行为形成有效制约。股权制衡水平的上升，不仅意味着有更多股东监督管理层的行为，还能够通过其他大股东对控股股东形成有效制衡，减少其对公司资源的侵占。

综合以上分析，在检验内部治理措施的影响作用时，我们在基本回归模型中依次加入管理层持股、流通股比例、股东人数、股权制衡度等控制变量，通过对比新构建的回归模型与基本回归模型中创新投资 *R&D* 的估计系数，验证假设 6-1 成立与否。

表 6-3 为采用混合 OLS 模型的回归分析结果。结果显示，初始回归模型中创新投资 *R&D* 对现金持有的回归系数为 0.729，并在 1% 的水平上显著为正。当我们逐一加入管理层持股、流通股比例、股东人数、股权制衡度等控制变量后，第（2）列至第（5）列的回归结果显示，加入后创新

投资对现金持有的回归系数都超过了0.729，且均为1%显著。并且模型的拟合优度提高。最后一个回归模型的控制变量中同时加入这4个内部治理变量后，创新投资对现金持有水平的估计系数达到最大，为0.901。此时模型的拟合程度最好。以上检验结果共同说明，当有效的内部治理措施抑制了代理问题对企业现金资产的消耗后，创新投资对现金持有的正向作用得到加强，带来了更多现金持有水平的上升，有效的内部治理措施能够强化企业创新行为对未来现金持有水平的影响。假设6-1经过检验成立。

表6-3　　内部治理措施对创新行为和现金持有决策影响的OLS回归结果

变量	*Cashhold*					
R&D	0.729***	0.860***	0.828***	0.752***	0.892***	0.901***
	(8.73)	(10.37)	(10.01)	(9.05)	(10.78)	(10.92)
Size	-0.003***	-0.007***	-0.008***	-0.005***	-0.008***	-0.008***
	(-2.88)	(-4.41)	(-4.85)	(-2.61)	(-4.79)	(-4.79)
Growth	0.006***	0.127***	0.009**	0.007*	0.013***	0.013***
	(3.45)	(3.38)	(2.44)	(1.79)	(3.41)	(3.45)
Cashflow	0.177***	0.177***	0.187***	0.168***	0.174***	0.173***
	(9.55)	(9.54)	(10.04)	(9.12)	(9.37)	(9.32)
Capex	-0.207***	-0.167***	-0.190***	-0.192***	-0.157***	-0.156***
	(-9.29)	(-7.57)	(-8.54)	(-8.73)	(-7.18)	(-7.12)
Bankdebt	-0.116***	-0.121***	-0.119***	-0.117**	-0.121***	-0.121**
	(-15.01)	(-15.48)	(-15.30)	(-15.08)	(-15.51)	(-15.52)
NWC	-0.203***	-0.201***	-0.198***	-0.205***	-0.199***	-0.200***
	(-16.90)	(-16.74)	(-16.50)	(-17.09)	(-16.54)	(-16.63)
Leverage	-0.292***	-0.296***	-0.282***	-0.306***	-0.302***	-0.303***
	(-13.18)	(-13.85)	(-12.50)	(-14.94)	(-14.42)	(-14.62)
State	-0.002*	-0.001	-0.001	-0.001	-0.003	-0.004
	(-1.66)	(-0.18)	(-0.39)	(-0.62)	(-0.82)	(-1.14)
Divi	-0.119***	-0.015***	-0.013***	-0.013***	-0.017***	-0.017***
	(-3.47)	(-4.33)	(-3.90)	(-3.91)	(-4.84)	(-4.83)
Manahold		-0.038				-0.004
		(-1.31)				(-0.42)

续表

变量	*Cashhold*					
Tradeshare			-0.052 *** (-8.17)			-0.029 *** (-4.09)
Holders				-0.027 *** (-11.34)		-0.023 *** (-8.97)
Sharebal					-0.004 * (-1.68)	-0.001 (-1.04)
Cons	0.596 *** (16.17)	0.555 *** (15.14)	0.597 *** (16.42)	0.589 *** (16.24)	0.573 *** (15.72)	0.576 *** (15.84)
Obs	11125	11111	11111	11108	11121	11104
Year fixed	Yes	Yes	Yes	Yes	Yes	Yes
Indus fixed	Yes	Yes	Yes	Yes	Yes	Yes
Adj R^2	0.298	0.300	0.303	0.307	0.299	0.308

注：***、**、*分别表示在1%、5%、10%水平上显著。括号内为t值。

表6-3的回归结果同时显示，新增的公司治理变量中，股东人数（*Holders*）、流通股比例（*Tradeshare*）与股权制衡度（*Sharebal*）都与企业期末现金持有水平显著负相关。这表明股权分散性与股权制衡度水平的提高，都会显著降低企业未来的现金持有水平。这一结果与之前的研究发现相符，已有研究表明：分散的股权结构降低了控股股东攫取公司资源，追逐个人私利的能力，从而减少了企业期末的现金持有；流通股比例的上升不仅意味着股权集中度的降低，还意味着来自资本市场更严格的监督，从而能够有效抑制代理问题（Chen，2016）；除第一大股东之外的其他大股东具有控制和监督第一大股东的能力。其他大股东持股比例越大，越能够有效抑制大股东的侵占行为，迫使大股东吐出现金，降低企业期末的现金持有水平（廖理，2009）。同时，除控股股东之外的其他大股东持股比例的增加，还能够增强大股东互相之间的监督与约束力量，进一步有效抑制代理问题（肖作平和陈德胜，2006）。

为了克服由遗漏变量产生的内生性问题，本章另外采用固定效应模型对内部治理措施的影响进行检验，检验结果如表6-4所示：当我们在基本回归模型的控制变量中逐一加入管理层持股、流通股比例、期末股东人数、股权制衡度等治理变量后，创新投资对下一期现金持有水平的回归系数与初始模型相比都有明显的增加，并且均在1%的水平上显著为正。表6-4的最后一列为同时添加了全部内部治理控制变量后的回归结果，此时创新投资对未来现金持有水平的回归系数达到最大，为1.213，并且在1%的水平上显著为正。同时拟合优度 R^2 显示，当模型中加入内部治理变量后，模型的拟合优度提高。在更高的拟合水平下，创新投资对企业现金持有的影响系数更大。上述结果共同表明，通过在模型中添加有关内部治理的控制变量，去掉了公司治理当中对现金持有产生影响的干扰因素之后，创新投资对企业下一期现金持有水平的影响加大，数据上表现为由于创新投资而增加的现金持有更多。这说明内部治理机制通过有效抑制两类代理问题，减少了管理层与控股股东对于企业所持现金的无谓消耗，从而使现金持有更直接地来源于企业创新的资金需求。有效的内部治理措施能够强化企业创新行为对现金持有水平的影响。假设6-1经过检验成立。为了确保这一研究结论的可靠，在稳健性检验中，本章依次根据管理层持股比例、流通股比例、股东人数、股权制衡水平的高低对样本进行分组回归，考察企业创新行为对未来现金持有水平的影响是否在高于年度、行业中位数的样本组中更显著。

表6-4　内部治理措施对创新行为和现金持有决策影响的固定效应回归结果

变量	*Cashhold*					
R&D	1.021***	1.134***	1.099***	1.156***	1.192***	1.213***
	(9.27)	(10.26)	(9.96)	(10.50)	(10.79)	(10.98)
Size	-0.059***	-0.059***	-0.070***	-0.048***	-0.061***	-0.059***
	(-12.24)	(-12.82)	(-14.95)	(-10.24)	(-13.33)	(-12.90)
Growth	0.006*	0.001	0.003	0.004	0.001	0.001
	(1.78)	(0.09)	(0.88)	(1.06)	(0.05)	(0.22)
Cashflow	0.155***	0.147***	0.152***	0.144***	0.149***	0.144***
	(8.02)	(7.60)	(7.87)	(7.44)	(7.66)	(7.41)
Capex	-0.052**	-0.016	-0.024	-0.027***	-0.006	-0.001
	(-2.12)	(-0.65)	(-0.99)	(-1.08)	(-0.23)	(-0.01)

续表

变量	Cashhold					
Bankdebt	-0.023***	-0.027**	-0.023**	-0.024**	-0.025**	-0.026**
	(-2.04)	(-2.37)	(-2.05)	(-2.14)	(-2.19)	(-2.28)
NWC	-0.113***	-0.133***	-0.122***	-0.129***	-0.132***	-0.137***
	(-6.38)	(-7.49)	(-6.86)	(-7.26)	(-7.44)	(-7.72)
Leverage	-0.068***	-0.123***	-0.077***	-0.128***	-0.123***	-0.138***
	(-3.30)	(-6.12)	(-3.73)	(-6.43)	(-6.09)	(-6.88)
Divi	-0.012**	-0.014***	-0.014***	-0.015***	-0.016***	-0.016***
	(-2.53)	(-2.93)	(-2.82)	(-3.04)	(-3.29)	(-3.26)
Manahold		-0.249				-0.183
		(-1.41)				(-1.10)
Tradeshare			-0.091***			-0.072***
			(-10.86)			(-8.42)
Holders				-0.038***		-0.029***
				(-9.93)		(-7.37)
Sharebal					-0.026**	-0.006*
					(-2.33)	(-1.71)
Cons	1.538***	1.487***	1.780***	1.685***	1.564***	1.813***
	(16.02)	(15.51)	(18.16)	(17.43)	(16.28)	(18.37)
Obs	11125	11111	11111	11108	11121	11104
Year fixed	Yes	Yes	Yes	Yes	Yes	Yes
Firm fixed	Yes	Yes	Yes	Yes	Yes	Yes
R^2	0.113	0.119	0.124	0.122	0.115	0.134

注：***、**、*分别表示在1%、5%、10%水平上显著。括号内为t值。

6.3.3 外部治理、创新投资与现金持有决策

李科等（2009）、李延喜等（2014）均以企业所在地区的市场化指数来衡量企业的外部治理环境。本书采用王小鲁和樊纲等所编著的《中国分省份市场化指数报告（2016）》中所提供的各区域市场化指数来衡量企业的外部治理环境。参考李科等（2009）的处理方法，将2008—2014年市

场化程度一直位于全国前11位的地区定义为外部治理环境较好的地区。经过分析比对，市场化指数始终位于前11位的地区包括浙江、上海、江苏、广东、天津、北京、福建、山东等地。若上市企业的办公地点位于这8个地区，则认为其外部治理环境较好；若不属于这些地区，则认为其外部治理环境较差。然后分组进行回归分析，观察两个样本组中，创新投资*R&D*对企业下一期现金持有水平的回归系数差异，预期在外部治理环境好的样本组中，创新投资对现金持有的影响更显著。

表6-5的分组回归结果显示，虽然创新投资*R&D*对未来现金持有水平的回归系数均在1%的水平上显著为正，但在外部治理环境更好的样本组中，这一回归系数更大，并且在混合OLS模型与固定效应回归模型下的检验结果保持一致。这表明更好的外部治理环境能够通过更为严格的外部监督，更有效的投资者保护，更高的信息透明度等，加强企业的外部约束力量，规范企业行为，减少创新行为中管理层与控股股东对企业现金的消耗与挪用，从而使现金资产更直接地服务于企业创新需求，强化了企业创新行为对现金持有水平的影响。假设6-2经过检验成立。

表6-5　有关外部治理环境影响的分组回归结果

变量	Cashhold OLS（1）	（环境好） 固定效应（2）	Cashhold OLS（3）	（环境差） 固定效应（4）
R&D	0.906*** (8.21)	1.417*** (5.85)	0.878*** (4.51)	1.247*** (9.20)
Size	-0.004 (-1.49)	-0.081*** (-6.75)	0.001 (0.34)	-0.049*** (-5.11)
Growth	0.021** (2.32)	0.019* (1.94)	0.009 (0.82)	0.011 (1.44)
Cashflow	0.166*** (5.76)	0.129*** (3.14)	0.199*** (4.95)	0.103*** (3.67)
Capex	-0.235*** (-7.84)	-0.043 (-0.88)	-0.134*** (-3.08)	-0.108*** (-3.37)
Bankdebt	-0.098*** (-7.63)	-0.009 (-0.37)	-0.071*** (-4.24)	-0.003 (-0.02)

续表

变量	Cashhold OLS（1）	（环境好） 固定效应（2）	Cashhold OLS（3）	（环境差） 固定效应（4）
NWC	-0.303*** (-13.74)	-0.098*** (-2.31)	-0.192*** (-6.78)	-0.101*** (-3.15)
Lev	-0.500*** (-12.91)	-0.062 (-1.25)	-0.403*** (-13.79)	-0.102*** (-2.64)
State	-0.004 (-0.54)	*omitted*	-0.019** (-2.40)	*omitted*
Divi	-0.017*** (-2.72)	-0.005 (-0.42)	-0.010 (-1.26)	-0.019** (-2.47)
Cons	0.498*** (6.98)	1.979*** (7.89)	0.408*** (4.58)	1.353*** (6.78)
Obs	3710	3710	2027	2027
Year fixed	Yes	Yes	Yes	Yes
Indus/Firm fixed	*Indus fixed*	*Firm fixed*	*Indus fixed*	*Firm fixed*
Adj R^2	0.440	0.238	0.360	0.137

注：***、**、*分别表示在1%、5%、10%水平上显著。括号内为t值。

6.3.4　稳健性检验

（1）根据代理问题强弱分组

为了验证有效的内部治理措施能够通过抑制代理问题，强化企业创新行为对未来现金持有水平的影响。本章从另一个角度进行检验：企业创新行为与现金持有之间的关系，是否会受到两类代理问题的影响。

本章参考陈志军（2016）、蔡地等（2014），赵小刚（2018）的研究，采用总资产周转率（*Turnover*：主营业务收入与总资产的比值）作为企业第一类代理问题的替代变量。需要注意的是，这是一个反向指标。该值越高，表明管理层工作越积极勤勉，第一类代理问题越小；反之，该值越低，意味着管理层与股东之间的冲突越多，第一类代理问题越突出。

徐宁等（2014）选择用“其他应收款与总资产的比值”（*Othrec*）度

量第二类代理问题。理由是大股东对上市公司的侵占主要体现在财务报表中“其他应收款”会计科目下。该值越大，第二类代理问题越突出。Jiang等（2010）也采用其他应收款占总资产的比例度量第二类代理问题，并且指出中国企业之间的公司间贷款通常在借出方资产负债表中“其他应收款”这一会计科目下进行核算。

此处按照代理问题强弱对样本进行分组的具体方法如下：首先，每年以总资产周转率对样本观测值从大到小进行排序。由于总资产周转率是度量第一类代理问题的反向指标，故而选取前1/4的观测值组成第一类代理问题弱组，和后1/4的观测值组成第一类代理问题强组。其次，每年再以其他应收款率对样本观测值从大到小进行排序，选取前1/4的观测值为第二类代理问题强组，和后1/4的观测值为第二类代理问题弱组。最后，将同时处于第一类代理问题强组与第二类代理问题强组的观测值划分为代理问题最强组；反之，将同时处于两类代理问题弱组的观测值划分为代理问题最弱组。简言之，如果观测值既属于第一类代理问题强组，又属于第二类代理问题强组，则该观测值被最终归类为代理问题最强组；反之，如果观测值既属于第一类代理问题弱组，又属于第二类代理问题弱组，则该观测值被最终归类为代理问题最弱组。然后，分组检验企业创新投资对未来现金持有水平的影响，检验结果如表6－6所示。

表6－6　　不同代理问题程度下创新投资对现金持有的影响

变量	Cashhold OLS（1）	（代理问题强） 固定效应（2）	Cashhold OLS（3）	（代理问题弱） 固定效应（4）
R&D	0.178 (0.18)	2.409* (1.69)	1.436*** (4.61)	1.111*** (2.92)
Size	0.002 (0.20)	−0.083*** (−3.63)	0.006 (0.81)	−0.123*** (−5.25)
Growth	−0.002 (−0.14)	0.022* (1.89)	0.037* (1.83)	0.010 (0.64)
Cashflow	0.287** (2.44)	0.097 (0.94)	0.148** (2.37)	0.038 (0.62)

续表

变量	Cashhold OLS（1）	（代理问题强）固定效应（2）	Cashhold OLS（3）	（代理问题弱）固定效应（4）
Capex	0.050 (0.28)	-0.094 (-0.51)	-0.331*** (-2.69)	-0.211 (-1.53)
Bankdebt	-0.130*** (-2.72)	-0.139* (-1.96)	-0.106*** (-3.20)	-0.011 (-0.25)
NWC	-0.060 (-0.94)	0.009 (0.10)	-0.290*** (-6.60)	-0.066 (-0.91)
Lev	-0.121** (-2.06)	-0.059 (-0.60)	-0.331*** (-5.63)	-0.187** (-1.97)
State	-0.032 (-1.31)	*omitted*	-0.006 (-0.45)	*omitted*
Divi	-0.065*** (-2.95)	-0.108*** (-3.06)	-0.004 (-0.31)	-0.038** (-2.02)
Cons	0.016 (0.07)	1.758*** (3.45)	0.168 (0.90)	3.064*** (6.07)
Obs	418	418	432	432
Year fixed	Yes	Yes	Yes	Yes
Indus/Firm fixed	*Indus fixed*	*Firm fixed*	*Indus fixed*	*Firm fixed*
Adj R^2	0.279	0.156	0.488	0.175

注：***、**、*分别表示在1%、5%、10%水平上显著。括号内为t值。

表6-6分组回归的结果显示，与代理问题最强组相比，创新投资 *R&D* 对企业未来现金持有水平的影响在代理问题最弱组中表现得更为显著，*R&D* 前的回归系数显著性水平更高。这一结果表明，在两类代理问题突出的企业，管理层与控股股东侵占公司资源，消耗企业现金储备，减少了企业为满足创新需求而增加的现金持有，从而弱化了创新投资对未来现金持有水平的影响。这也从反面证实了有效的内部治理措施能够通过抑制两类代理问题，强化企业创新投资对未来现金持有水平的影响。本章假设6-1通过稳健性检验。

（2）管理层持股、流通股比例、股东人数与股权制衡水平的影响

在前文分析中我们发现，当回归模型的控制变量中逐一加入管理层持股 *Manahold*、流通股比例 *Tradeshare*、股东人数 *Holders*、股权制衡度 *Sharebal* 等治理变量后，创新投资 *R&D* 对现金持有水平的回归系数都超过了加入之前的回归系数，并且这一回归系数在模型中同时加入四个治理变量后达到最大。这一发现验证了有效的内部治理措施能够强化企业创新行为对未来现金持有水平的影响。为了检验这一结论可靠与否，我们在稳健性检验中，依次根据管理层持股、流通股比例、股东人数与股权制衡水平的高低进行分组。举例来说，我们将管理层持股比例超过年度、行业中位数的企业归类为管理层持股比例高的样本组，其余归类为管理层持股比例低的样本组，并按照同样的方法对其余三个指标进行高低分组。预期在高于年度、行业中位数的样本组中，创新投资对现金持有水平的回归系数都将超过低于中位数的样本组。检验结果如表 6－7 至表 6－10 所示。

表 6－7 的分组回归结果显示，无论是采用 OLS 回归模型还是固定效应回归模型，与持股比例低的样本组相比，在管理层持股比例高的样本组中，创新投资 *R&D* 对企业下一期现金持有水平的回归系数更大。这表明管理层持股比例的增加能够强化企业创新行为对未来现金持有水平的影响。这是因为管理层持股使管理层的利益目标与股东的利益目标趋于一致，管理层更加注重企业的长期发展，支持企业的研发活动，从而减少了企业创新过程中由于第一类代理问题而产生的资金耗费，使现金持有的增加更多地来源于企业创新的资金需求，与前文的检验结果保持一致。

表 6－7　　按照管理层持股比例高低分组

变量	持股比例高		持股比例低	
	OLS（1）	固定效应（2）	OLS（3）	固定效应（4）
R&D	0.881***	1.258***	0.812***	0.817***
	(7.25)	(8.55)	(7.03)	(5.09)
Size	－0.007***	－0.043***	0.014***	－0.055***
	(－3.43)	(－5.05)	(－4.95)	(－9.65)

续表

变量	持股比例高		持股比例低	
	OLS（1）	固定效应（2）	OLS（3）	固定效应（4）
Growth	0. 021 **	0. 010 *	0. 002	0. 009 **
	(4. 34)	(1. 71)	(0. 36)	(2. 07)
Cashflow	0. 192 ***	0. 135 ***	0. 156 ***	0. 156 ***
	(7. 32)	(5. 15)	(5. 87)	(5. 74)
Capex	-0. 095 ***	-0. 051	-0. 231 ***	-0. 005
	(-2. 99)	(-1. 60)	(-7. 58)	(-0. 14)
Bankdebt	-0. 116 ***	-0. 028 *	-0. 128 ***	-0. 017
	(-11. 08)	(-1. 82)	(-10. 73)	(-1. 08)
NWC	-0. 142 ***	-0. 174 ***	-0. 262 ***	-0. 051 ***
	(-8. 97)	(-6. 65)	(-13. 85)	(-2. 12)
Lev	-0. 243 ***	-0. 202 ***	-0. 335 ***	-0. 030
	(-15. 12)	(-6. 50)	(-16. 93)	(-1. 12)
Divi	-0. 013 ***	-0. 028 ***	-0. 019 ***	-0. 006
	(-2. 85)	(-4. 09)	(-3. 51)	(-0. 88)
Cons	0. 507 ***	1. 250 ***	0. 742 ***	1. 394 ***
	(11. 15)	(7. 09)	(11. 86)	(11. 55)
Obs	5146	5146	5979	5979
Year fixed	Yes	Yes	Yes	Yes
Indus/Firm fixed	*Indus fixed*	*Firm fixed*	*Indus fixed*	*Firm fixed*
Adj R^2	0. 352	0. 216	0. 241	0. 066

注：***、**、*分别表示在 1%、5%、10%水平上显著。括号内为 t 值。

表 6 - 8 为按照流通股比例高低分组的回归结果。回归结果显示，与流通股比例低的样本组相比，在流通股比例高的样本组中，创新投资 *R&D* 对现金持有水平的回归系数更大，符合我们的预期。流通股比例的增加不仅意味着有更多的外部大股东开始关注企业的市场价值与长期发展，企业的信息透明度提高，对管理层的监督与约束力度加强，从而能够有效抑制第一类代理问题，还意味着股东之间的信息不对称程度降低，彼此之间的监督与约束力度加强，从而减少了控股大股东对公司资源的侵占行为，抑

制了第二类代理问题。最终减少了企业科技创新过程中由于两类代理问题而造成的企业现金资产的损耗，强化了企业创新行为对未来现金持有水平的影响，与前文发现基本保持一致。

表 6－8　　按照流通股比例高低分组

变量	流通股比例大		流通股比例小	
	OLS（1）	固定效应（2）	OLS（3）	固定效应（4）
R&D	0.855 ***	1.032 ***	0.675 ***	0.814 ***
	(7.92)	(6.28)	(5.38)	(5.78)
Size	－0.002	－0.067 ***	0.015 ***	－0.055 ***
	(－0.84)	(－9.30)	(－5.78)	(－9.24)
Growth	0.018 ***	0.005	0.008	－0.003
	(3.16)	(0.99)	(1.59)	(－0.69)
Cashflow	0.222 ***	0.143 ***	0.163 ***	0.119 ***
	(9.13)	(4.82)	(5.80)	(5.07)
Capex	－0.151 ***	－0.013	－0.235 ***	－0.039
	(－5.08)	(－0.34)	(－7.27)	(－1.26)
Bankdebt	－0.136 ***	－0.028	－0.097 ***	－0.024 *
	(－13.92)	(－1.58)	(－8.03)	(－1.73)
NWC	－0.173 ***	－0.142 ***	－0.226 ***	－0.065 ***
	(－12.01)	(－4.89)	(－11.33)	(－3.10)
Lev	－0.254 ***	－0.159 ***	－0.316 ***	－0.138
	(－16.91)	(－4.94)	(－15.71)	(－5.62)
Divi	－0.012 ***	－0.030 ***	－0.013 **	－0.006
	(－3.08)	(－3.72)	(－2.16)	(－1.10)
Cons	0.402 ***	1.702 ***	0.743 ***	1.439 ***
	(9.13)	(11.35)	(12.58)	(11.56)
Obs	5821	5821	5304	5304
Year fixed	Yes	Yes	Yes	Yes
Indus/Firm fixed	*Indus fixed*	*Firm fixed*	*Indus fixed*	*Firm fixed*
Adj R^2	0.291	0.096	0.307	0.158

注：***、**、* 分别表示在 1%、5%、10% 水平上显著。括号内为 t 值。

表 6－9 为根据期末股东人数多少的分组回归结果。结果显示，虽然创新投资 *R&D* 对企业下一期现金持有水平的回归系数始终在 1% 的水平上显著为正，但是与股东人数少的样本组相比，这一回归系数在股东人数多的样本组中更大。表明股东人数的增加强化了企业创新投资对现金持有水平的影响。这是因为期末股东人数的增加意味着股权分散性的提高，股权集中度的降低。我国上市企业的一个突出特点是高度集中的股权结构，在这一现状下，股权分散性的提高减少了控股股东“掏空”企业资源的机会，降低了第二类代理问题对企业现金资产的消耗，从而使更多的现金持有来源于企业科技创新的资金需求，强化了企业创新行为对现金持有水平的影响。

表 6－9　　按照期末股东人数多少分组

变量	股东人数多		股东人数少	
	OLS（1）	固定效应（2）	OLS（3）	固定效应（4）
R&D	0.817***	1.468***	0.755***	0.666***
	(6.55)	(7.93)	(6.92)	(4.71)
Size	−0.014***	−0.059***	−0.001	−0.062***
	(−4.48)	(−7.06)	(−0.20)	(−10.11)
Growth	0.015**	0.001	0.013***	0.009**
	(2.55)	(0.20)	(2.68)	(1.99)
Cashflow	0.147***	0.101***	0.226***	0.147***
	(5.38)	(3.11)	(9.01)	(6.00)
Capex	−0.229***	−0.017	−0.121***	−0.006
	(−6.93)	(−0.41)	(−4.21)	(−0.18)
Bankdebt	−0.097***	−0.006	−0.127***	−0.023
	(−8.32)	(−0.32)	(−12.25)	(−1.62)
NWC	−0.251***	−0.131***	−0.146***	−0.058***
	(−12.92)	(−4.09)	(−9.79)	(−2.68)
Lev	−0.367***	−0.131***	−0.230***	−0.091***
	(−18.69)	(−3.67)	(−14.98)	(−3.62)
Divi	−0.021***	−0.031***	−0.013***	−0.002
	(−3.62)	(−3.59)	(−3.25)	(−0.40)

续表

变量	股东人数多		股东人数少	
	OLS (1)	固定效应 (2)	OLS (3)	固定效应 (4)
Cons	0.767***	1.502***	0.329***	1.600***
	(11.13)	(8.82)	(6.99)	(12.09)
Obs	5809	5809	5316	5316
Year fixed	Yes	Yes	Yes	Yes
Indus/Firm fixed	*Indus fixed*	*Firm fixed*	*Indus fixed*	*Firm fixed*
Adj R^2	0.301	0.115	0.290	0.092

注：***、**、*分别表示在1%、5%、10%水平上显著。括号内为t值。

表6－10报告了根据股权制衡度的高低进行分组回归的结果。本章参考肖作平，陈德胜（2006）的研究，采用第二至第五大股东的持股比例和与第一大股东的持股比例之比度量股权制衡水平。分组回归结果显示，在股权制衡水平更高的样本组中，无论是采用混合OLS回归模型还是固定效应回归模型，企业创新投资 *R&D* 对现金持有的回归系数都更大。这是因为股权制衡水平的提高意味着其他大股东对控股股东制衡力量的加强。其他大股东不仅具有监督和约束控股股东的动机，而且具有监督和约束控股股东的能力。已有研究表明，股权制衡有利于抑制代理问题，改善公司治理。在股权制衡度更高的企业中，控股股东的资金占用显著少于股权制衡度较低的企业。除此之外，股权制衡水平的提高还意味着大股东彼此之间的监督与约束力度加强，并且同时存在的大股东更能够对管理层进行有效监督，促使其更关注企业的科技创新与长远发展。因此，股权制衡水平的提高能够有效抑制两类代理问题对企业现金资产的侵占，强化企业创新行为对未来现金持有水平的影响。

表6－10　　按照股权制衡水平高低分组

变量	制衡水平高		制衡水平低	
	OLS (1)	固定效应 (2)	OLS (3)	固定效应 (4)
R&D	0.862***	1.203***	0.828***	1.005***
	(7.02)	(7.29)	(7.39)	(6.85)

续表

变量	制衡水平高		制衡水平低	
	OLS（1）	固定效应（2）	OLS（3）	固定效应（4）
Size	-0.010***	-0.089***	-0.005***	-0.048***
	(-4.15)	(-11.33)	(-2.58)	(-8.31)
Growth	0.014**	0.004	0.011***	0.005
	(2.45)	(0.73)	(2.29)	(1.04)
Cashflow	0.179***	0.151***	0.174***	0.127***
	(6.22)	(4.91)	(7.30)	(5.23)
Capex	-0.174***	-0.010	-0.151***	-0.033
	(-5.26)	(-0.28)	(-5.23)	(-1.01)
Bankdebt	-0.108***	-0.015	-0.133***	-0.042***
	(-8.80)	(-0.84)	(-13.56)	(-2.92)
NWC	-0.224***	-0.124***	-0.171***	-0.126***
	(-11.67)	(-4.29)	(-11.23)	(-5.63)
Lev	-0.323***	-0.075***	-0.276***	-0.165***
	(-16.36)	(-2.31)	(-17.98)	(-6.33)
Divi	-0.018***	-0.024***	-0.017***	-0.009
	(-3.27)	(-3.03)	(-3.99)	(-1.55)
Cons	0.677***	2.154***	0.475***	1.321***
	(11.86)	(13.10)	(10.43)	(10.93)
Obs	5264	5264	5861	5861
Year fixed	Yes	Yes	Yes	Yes
Indus/Firm fixed	*Indus fixed*	*Firm fixed*	*Indus fixed*	*Firm fixed*
Adj R^2	0.281	0.124	0.319	0.131

注：***、**、*分别表示在1%、5%、10%水平上显著。括号内为t值。

综合表6-7至表6-10的分组回归结果，我们发现在管理层持股比例更大、流通股比例更高，期末股东人数更多，股权制衡水平更强的样本组中，企业创新投资 *R&D* 对未来现金持有水平的回归系数都明显偏大。这也验证了有效的内部治理措施，能够通过抑制两类代理问题，强化企业创新行为对未来现金持有水平的影响，本章假设6-1通过稳健性检验。

（3）关于外部治理环境影响的稳健性检验

为了验证外部治理环境对企业创新行为与现金持有之间关系的影响，我们在稳健性检验中选取是否由大型会计师事务所负责审计工作作为外部治理环境好坏的分组变量。已有研究表明，大规模审计机构可以有效降低公司与外部投资者之间的信息不对称水平。因此能够增加企业信息透明度，从外部环境对上市企业的行为决策施加有效控制。反之，聘用小规模审计机构的公司与外部投资者之间的信息不对称程度相对更高。参考蒋尧明等（2017）的研究方法，根据中国注册会计师协会官方网站公布的会计师事务所综合排名，选取2018年排名前十的事务所作为大型审计机构。它们分别是：普华永道中天会计师事务所、瑞华会计师事务所、德勤华永会计师事务所、立信会计师事务所、安永华明会计师事务所、毕马威华振会计师事务所、天健会计师事务所、信永中和会计师事务所、天职国际会计师事务所、大华会计师事务所等。分组回归中，将由这十家会计师事务所审计的样本归为大所审计组，其余样本归为小所审计组。预期在大所审计的样本组中，由于更加完善的外部治理环境，更高的信息透明度，创新行为对企业下一期现金持有水平的影响更显著。

表6－11根据外部审计机构规模大小的分组回归结果显示，与小所审计的样本组相比，在大所审计的样本组中，无论采用混合OLS回归模型还是固定效应回归模型，创新投资 *R&D* 对企业下一期现金持有水平的估计系数都更大。这一结果表明，更好的外部治理环境和更严格的外部监督，能够提高企业信息透明度，制约企业管理层的机会主义行为与大股东的掏空行为，使企业现金持有水平的增长更直接地服务于科技创新的需要，从而强化了企业创新行为对现金持有水平的影响。假设6－2通过稳健性检验。

表6－11　　按照外部审计规模的分组回归结果

变量	Cashhold	（大所审计）	Cashhold	（小所审计）
	OLS（1）	固定效应（2）	OLS（3）	固定效应（4）
R&D	0.740***	1.230***	0.548***	1.099***
	（4.11）	（5.05）	（3.16）	（4.16）

续表

变量	Cashhold OLS（1）	（大所审计）固定效应（2）	Cashhold OLS（3）	（小所审计）固定效应（4）
Size	-0.016*** (-3.31)	-0.093*** (-6.45)	-0.018*** (-4.31)	-0.092*** (-7.02)
Growth	0.021** (2.15)	0.017** (2.14)	0.007 (0.90)	0.009 (0.96)
Cashflow	0.135*** (3.46)	0.185*** (4.06)	0.252*** (5.92)	0.099** (2.20)
Capex	-0.116*** (-2.64)	-0.088 (-1.49)	-0.217*** (-4.37)	0.061 (1.11)
Bankdebt	-0.094*** (-5.32)	-0.069*** (-2.73)	-0.127*** (-6.95)	-0.028*** (-0.97)
NWC	-0.211*** (-7.54)	-0.104*** (-2.35)	-0.252*** (-8.93)	-0.185*** (-3.97)
Lev	-0.383*** (-12.84)	-0.132*** (-2.60)	-0.301*** (-9.86)	-0.170*** (-3.14)
State	-0.055 (-0.52)	*omitted*	-0.083 (-1.34)	*omitted*
Divi	-0.032*** (-3.69)	-0.030*** (-2.60)	-0.024*** (-2.95)	-0.019 (-1.33)
Cons	0.807*** (7.84)	2.161*** (7.29)	0.710*** (6.09)	2.202*** (8.15)
Obs	2571	2571	2752	2752
Year fixed	Yes	Yes	Yes	Yes
Indus/Firm fixed	*Indus fixed*	*Firm fixed*	*Indus fixed*	*Firm fixed*
Adj R^2	0.358	0.137	0.277	0.101

注：***、**、*分别表示在1%、5%、10%水平上显著。括号内为t值。

本章接下来参考李科和徐龙炳（2009）的处理方法，在稳健性检验中，将2008—2014年市场化指数（王小鲁和樊纲，2016）一直位于全国前8位的地区定义为外部治理环境好的地区，其余地区定义为外部治理环境较差的地区，重新进行分组回归。

表 6－12 的分组回归结果显示，尽管我们重新界定了外部治理环境好坏的分组标准，但是与治理环境差的样本组相比，创新投资对现金持有水平的回归系数仍然在外部治理环境好的样本组中更大。这一结果再次表明更好的外部治理环境，能够强化企业创新行为对现金持有水平的影响，所得结论与前文保持一致，再次验证了本章假设 6－2 成立。

表 6－12　　外部治理环境的影响（重新定义市场化程度）

变量	Cashhold OLS（1）	（环境好）固定效应（2）	Cashhold OLS（3）	（环境差）固定效应（4）
R&D	0.895 ***	1.404 ***	0.860 ***	1.242 ***
	(8.07)	(5.98)	(4.53)	(9.08)
Size	-0.003	-0.073 ***	-0.001	-0.055 ***
	(-0.94)	(-6.36)	(-0.24)	(-5.49)
Growth	0.025 **	0.018 *	0.006	0.012
	(2.68)	(1.92)	(0.55)	(1.46)
Cashflow	0.167 ***	0.128 ***	0.198 ***	0.104 ***
	(5.68)	(3.19)	(5.05)	(3.63)
Capex	-0.239 ***	-0.042	-0.137 ***	-0.106 ***
	(-7.84)	(-0.91)	(-3.24)	(-3.26)
Bankdebt	-0.101 ***	-0.010	-0.068 ***	-0.001
	(-7.72)	(-0.45)	(-4.14)	(-0.01)
NWC	-0.311 ***	-0.101 **	-0.184 ***	-0.099 ***
	(-13.91)	(-2.44)	(-6.73)	(-3.02)
Lev	-0.501 ***	-0.071	-0.398 ***	-0.096 **
	(-12.62)	(-1.48)	(-13.99)	(-2.41)
State	-0.005	*omitted*	-0.022 **	*omitted*
	(-0.67)		(-2.89)	
Divi	-0.016 **	-0.002	-0.010	-0.017 **
	(-2.44)	(-0.15)	(-1.37)	(-2.21)
Cons	0.531 ***	1.795 ***	0.416 ***	1.479 ***
	(7.35)	(7.56)	(4.84)	(7.10)
Obs	3621	3621	2113	2113

续表

变量	Cashhold OLS（1）	（环境好）固定效应（2）	Cashhold OLS（3）	（环境差）固定效应（4）
Year fixed	Yes	Yes	Yes	Yes
Indus/Firm fixed	*Indus fixed*	*Firm fixed*	*Indus fixed*	*Firm fixed*
Adj R^2	0.443	0.239	0.358	0.170

注：***、**、*分别表示在1%、5%、10%水平上显著。括号内为t值。

6.4　本章小结

在前文的分析论证中，本书检验发现企业的科技创新行为会显著影响其现金持有决策。企业现金持有水平的增长中，一部分来源于企业创新的需求。在国家大力推进创新驱动型发展战略的背景下，本章试图从企业的内、外部治理入手，探讨如何强化企业创新行为对现金持有的影响，使企业现金持有水平的增长更直接地服务于科技创新的需求（见图6-1）。

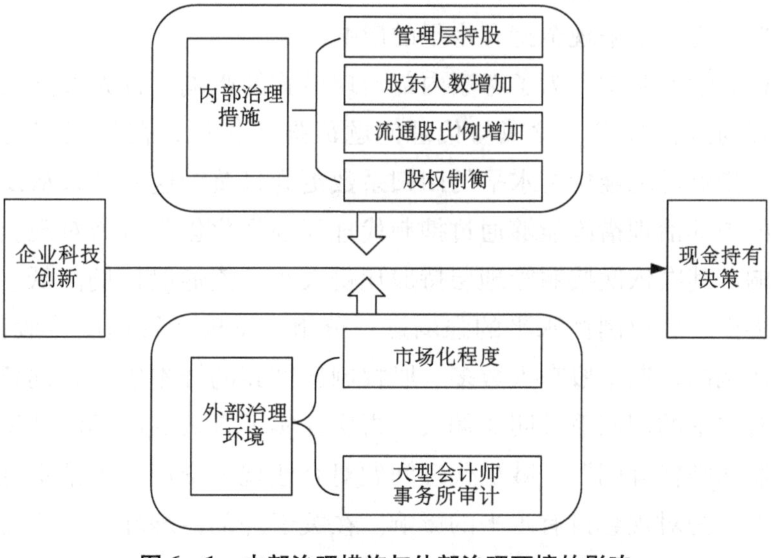

图 6-1　内部治理措施与外部治理环境的影响

本章同时采用混合 OLS 与固定效应回归模型检验发现，当初始回归模型的控制变量中逐一添加了管理层持股、流通股比例、期末股东人数、股权制衡度等治理变量后，创新投资对企业未来现金持有水平的回归系数与加入之前相比都有了明显增加。当模型中同时增加了这四个治理变量后，创新投资对未来现金持有水平的回归系数达到最大。这一结果说明有效的内部治理措施通过抑制两类代理问题，减少了管理层与控股股东对企业现金资产的消耗与占用，从而使现金持有水平的上升更直接地来源于企业创新的资金需求。有效的内部治理措施能够强化企业创新行为对现金持有水平的影响。

在外部治理环境的影响分析中，本章首先参考李科（2009）的研究方法，根据王小鲁和樊纲编著的《中国分省份市场化指数报告（2016）》，将2008—2014 年市场化指数一直位于全国前 11 位的 8 个地区定义为公司治理的外部环境较好。它们分别是浙江、上海、江苏、广东、天津、北京、福建与山东。然后对样本数据进行分组检验，若企业所在地位于这 8 个地区，则将其归为外部治理环境好的样本组，反之则归为治理环境差的样本组。分组检验结果显示，在外部治理环境好的样本组中，创新投资对现金持有水平的回归系数更大。这一结果表明更完善的外部治理环境能够强化企业创新行为对未来现金持有水平的影响。

在稳健性检验中，为了考察内部治理措施的影响，首先按照两类代理问题的强弱进行分组，发现与代理问题最强组相比，在代理问题最弱组中，创新投资对现金持有水平的回归系数更为显著。这一结果从反面验证了有效的内部治理措施能够通过抑制代理问题强化创新行为对现金持有水平的影响。其次依次按照管理层持股比例大小、流通股比例高低、期末股东人数多少、股权制衡水平的强弱进行分组，发现在管理层持股比例大、流通股比例高、期末股东人数多、股权制衡度高的样本组中，创新投资对现金持有水平的回归系数明显偏大。再次证实了有效的内部治理措施能够通过抑制两类代理问题，减少代理问题对企业现金资产的无谓消耗，强化企业创新行为对现金持有水平的影响。在关于外部治理环境的稳健性检验中，首先根据企业是否由全国排名前 10 位的会计师事务所负责审计，将样本分为大所审计组与小所审计组。分组回归发现在大所审计的样本组中，创新投资对现金持有的回归系数明显偏大。同时，参考李科和徐龙炳（2009）的稳健检验方法，将 2008—2014 年市场化指数一直处于前 8 位的地区定义为外部治理环境较好，重新进行分组回归，发现创新投资对现金持有的回归系数，仍然在外部治理环境好的样本组中更大，从而再次验证了更好的外部治理环境，能够通过提高企业信息透明度，强化外部监督，有效抑制两类代理问题对企业现金资产的耗费与占用，强化企业创新行为对未来现金持有水平的影响，证明了本章研究结论的稳健。

本章考察了不同治理背景下，企业创新行为对未来现金持有水平的影响。检验证实了有效的内部治理措施与更好的外部治理环境，能够强化企业创新行为对未来现金持有水平的影响。本章的研究结论启发政策制定者与监管当局，通过完善法律监管体系，改善外部治理环境，加强市场监督，提高企业信息透明度，对管理层与大股东的机会主义行为形成有效约束，从而减少两类代理问题对企业现金资产的消耗，使现金持有的财务决策更直接地服务于企业创新的资金需求，提高企业资金使用效率与创新效率。

第 7 章 研究结论、政策建议与未来研究展望

7.1 研究结论

本书以 2008—2019 年沪深 A 股非金融类上市公司为研究样本，实证检验了企业科技创新对现金持有决策的影响及其异质性对现金持有决策的影响差异。主要进行了四个阶段的实证研究：第一，基于现金持有的预防性动机与投资组合理论，从创新投入的角度分析检验科技创新是否会显著提高企业下一期的现金持有水平，以及科技创新对企业现金持有水平的影响途径；第二，通过考察外部融资约束、企业风险承担水平、行业竞争程度对企业创新与现金持有之间关系的影响，分析企业为科技创新增加现金持有的决策动机；第三，从创新产出的角度，深入剖析企业科技创新的异质性对现金持有决策的影响差异，依次检验了科技主导型企业、企业的科技创新强度、高风险性创新行为对企业现金持有决策的影响；第四，考察企业内部治理措施与外部治理环境对企业科技创新与现金持有决策之间关系的影响。

本书主要的研究结论可以归纳为以下几点。

第一，企业创新投资会显著增加未来现金持有。创新投资越多，企业下一期的现金持有水平越高。企业创新通过降低现金股利支付意愿与股利支付水平，提高商业信用水平增加了企业的现金持有。

本书以创新投入强度作为企业科技创新的代理变量，主要探讨企业创

新投资是否会显著提高企业下一期的现金持有水平，以及创新投资增加企业现金持有的具体途径。基于预防性现金持有动机与投资组合理论，同时采用混合 OLS 模型与固定效应回归模型，实证检验发现创新投资显著提高了企业下一期的现金持有水平。创新投资越多，企业下一期的现金持有水平越高。进一步途径检验发现，创新投资通过降低企业的现金股利支付意愿与股利支付水平，提高企业的商业信用水平增加了企业的现金持有。针对回归模型中可能存在的内生性问题，本章的稳健性检验先后采用动态面板回归模型、工具变量法、倾向得分匹配法来控制遗漏变量、反向因果以及样本选择偏误等内生性问题对研究结论的干扰，并结合变更样本选择、更换度量指标等多种方法进行稳健性检验，以保证本章研究结论的可靠。

第二，创新投资与现金持有之间的关系受到外部融资约束、企业风险承担水平、行业竞争程度的影响。由于创新投资普遍受到融资约束，企业为缓解融资约束的影响而为创新投资储备更多现金，从而进一步提高了企业的现金持有水平；风险承担水平高的企业会为创新投资储备更多现金以平衡风险，避免企业因过度承担风险陷入财务危机；激烈的行业竞争促使企业为创新投资提供更多现金持有以保持创新行为的持续性，通过不断创新获得竞争优势。

同时，本书试图识别出企业为科技创新增加现金持有的决策动机。通过在回归模型中先后引入创新投资与融资约束的交乘项、创新投资与高风险承担水平的交乘项，以及创新投资与高竞争行业的交乘项，分析检验外部融资约束、高风险承担水平以及高竞争行业是否会强化企业创新投资对现金持有水平的影响，从而识别企业为科技创新增加现金持有的决策动机：第一，缓解外部融资约束的影响；第二，平衡企业整体风险；第三，应对激烈的行业竞争。在稳健性检验中，通过分组检验的方法克服回归估计中的内生性问题，并且先后更换了融资约束、风险承担水平、行业竞争程度的度量方法，同时把外部政策环境中创新驱动发展战略的影响考虑在内，以保证本书研究结论的可靠性。

第三，企业创新行为的异质性，会显著影响企业的现金持有决策。具体来说，科技主导型企业与其他企业相比，会显著提高企业下一期的现金持有水平；企业的科技创新强度会显著提高企业未来的现金持有水平；高风险性创新行为会显著提高企业未来的现金持有水平。

本书的研究不仅从创新投资的角度探讨企业科技创新对现金持有决策的影响，而且从创新产出的视角出发，分析检验企业创新行为的异质性对现金持有决策的影响差异。首先，根据企业是否隶属于高科技产业，将企业分类为科技主导型企业与非主导型企业。回归结果显示，科技主导型企业虚拟变量与企业下一期现金持有水平显著正相关。说明与一般企业相比，科技主导型企业会显著提高其未来的现金持有水平。其次，本书以人均专利申请数量度量企业科技创新强度，发现创新强度与企业未来现金持有水平显著正相关。最后，本书将探索式创新定义为高风险性创新行为，检验发现高风险性创新会显著提高企业下一期的现金持有水平。在稳健性检验中，本书依次更换了主要变量的度量方法，分别用超额现金持有替代原现金持有水平，采用企业创新投入强度与全行业平均投入强度的比值度量科技创新强度，并以企业创新投资的增长率是否超过下一期净利润增长率作为高风险创新的代理变量，检验企业创新行为的异质性对现金持有决策的影响，所得结论均保持一致。

第四，有效的内部治理措施与更好的外部治理环境能够强化企业科技创新对现金持有水平的影响。

已有研究发现某些特定的内部治理措施，如管理层持股、股权分散性、股权制衡度等，能够通过一致化管理层与股东的利益目标，增强外部投资人与其他大股东的监督力度，有效抑制第一类与第二类代理问题，从而减少管理层与控股股东对企业现金资产的损耗与挪用。外部治理环境更好的企业更能对管理层与控股股东的行为进行有效约束，从而减少企业创新中由于代理问题而产生的现金损耗。基于以上逻辑，本书认为有效的内部治理措施与更好的外部治理环境，能够强化企业创新行为对现金持有水平的影响，使企业现金持有的财务决策更好地服务于科技创新的需求。

为此，本书在初始回归模型中逐一加入管理层持股、流通股比例、股东人数、股权制衡度等内部治理变量，对比加入前后的回归系数发现，加入之后创新投资对现金持有的回归系数与加入之前相比都变大了，并且在四个治理变量同时加入时该回归系数达到最大。这一结果说明有效的内部治理措施能够强化企业创新行为对现金持有水平的影响。在考察外部治理环境的影响时，本书选择2008—2014年市场化指数始终居于全国前11位的地区为外部治理环境好的地区，其余为外部治理环境差的地区。分组检验发现，在外部治理环境好的样本组中，创新投资对现金持有的影响系数更大。从而证明更好的外部治理环境能够强化企业创新行为对现金持有水平的影响，使现金持有的增长更直接地来源于企业科技创新的需求。

7.2 研究启示与政策建议

本书重点探讨了企业科技创新对现金持有决策的影响，揭示了企业创新与现金持有的内在关系，拓展了有关创新问题和现金持有问题的研究视野，为企业结合科技创新需求、制定合理的现金持有决策、避免高昂的调整成本提供了解决思路。本书不仅丰富了有关现金持有决策影响因素的相关文献，补充了有关企业科技创新影响财务决策的相关文献，而且丰富了有关外部融资约束、风险承担水平、行业竞争程度影响企业现金持有决策的研究发现，为后续相关研究提供了一些新的思考角度。

本书继续深入挖掘了企业创新行为的异质性对现金持有决策所造成的不同影响。检验发现科技主导型企业与非主导型企业相比，会显著提高企业未来的现金持有水平；企业的科技创新强度会显著提高企业未来的现金持有水平；企业的高风险性创新行为，也会显著提高企业未来的现金持有水平。这在理论上加深了企业创新行为的不同特征对内部现金依赖性的认识和理解，丰富了研究文献。

本书考察了内部治理措施和外部治理环境的差异对创新行为和现金持有之间关系的影响。结论显示，有效的内部治理措施和更好的外部治理环境，有助于企业现金持有的财务决策更好地支持企业科技创新的活动。同时也提供了企业合理的财务决策能够更有效地支持和提高企业科技创新效率的相关依据，从而提示企业与相关部门通过完善企业内、外部治理环境，减少两类代理问题对企业资金的无谓损耗，强化企业创新行为对现金持有的影响，使企业现金资产更直接地服务于科技创新活动。

在现实层面，本书的政策启示在于：在我国大力提倡自主创新，鼓励企业创新投入的背景下，为我国上市企业，尤其是高科技上市企业制定合理的财务决策提供依据。企业应参考科技创新活动的需要，制定合理的现金持有与股利分配政策，确保资金来源的稳定性与创新投入的平稳性，避免高昂的调整成本，保证企业在创新市场的竞争力。本书的研究发现具有一定的实践参考价值和借鉴意义。

同时，本书的研究发现也证实预防性需求是指导企业财务决策的重要依据。企业制定现金持有等财务决策时需要考虑预防性需求。这种需求包括但不限于科技创新，还包括外部环境的变化、原材料价格的变动等，都会为企业带来预防性的资金需求。

本书的研究发现也提示政策制定者可通过进一步完善我国多层次资本市场的建设，着力改进企业融资的外部环境，更大力度地满足创新型企业多渠道的融资需求。同时加大对于科技创新型企业的政策扶持，配合减税、免息等优惠政策，多管齐下助力企业创新发展。监管当局应加大对上市企业的监督力度，提高企业透明度，有效抑制两类代理问题，通过完善企业内、外部治理环境，使企业现金资产更直接地服务于企业创新。

证监会于 2008 年 10 月 7 日出台的半强制分红政策使股利支付成为再融资的前提。参考本书的研究结论，这有可能给企业科技创新带来一定的资金压力。已有研究发现创新投资与股利分配在现金流需求上存在竞争性。因此，上市公司分红政策的实施不应简单“一刀切”，而应充分考虑企业当期创新行为的资金需求与所处的技术研发阶段。

7.3 未来研究展望

本书以我国沪、深 A 股市场 2008—2019 年非金融类上市企业为研究样本，先后从创新投入与创新产出两个角度，检验发现企业科技创新显著影响了企业的现金持有决策。企业出于避免高昂的调整成本的考虑，会选择在下一期预留更多现金以保障企业创新的资金来源。企业为缓解融资约束的影响，平衡整体风险、应对激烈的行业竞争而为创新行为增加现金持有。本书继续从创新产出的角度检验发现企业创新行为的异质性，会显著影响其现金持有决策。有效的内部治理措施与更好的外部治理环境，能够通过抑制两类代理问题对现金资产的损耗，强化企业创新行为对现金持有水平的影响，使企业现金持有的增加更直接地来源于科技创新的需求。

本书所得到的结论不仅从理论上揭示了企业科技创新与现金持有的内在关系，拓展了科技创新问题与现金持有问题的研究视野，而且从理论上加深了企业创新行为的不同特征对内部现金依赖性的认识和理解，同时验证了更好的内外部治理有助于企业现金持有的财务决策更好地支持科技创新的活动。对企业自身、外部金融机构以及政策制定者和监管当局，都具有一定的启发意义。

但是，本书的研究尚存在一些不足之处。在未来的研究中，本书认为可以从以下几方面进行补充和完善：

首先，本书的研究集中于微观企业层面，未来的研究可更多关注宏观的市场与制度层面，通过数据分析检验，监管当局可通过哪些举措切实改善企业治理环境，增强企业资源服务于科技创新活动的力度。例如，通过认真研究企业内部普遍存在的治理问题，加强法律监督，完善有关公司治理的相关法规，有效抑制上市企业的两类代理问题，减少创新活动中企业资源的无谓损耗；抑或是出台相关政策，改善我国金融市场的信息环境，降低信息不对称，以节约企业外部融资成本，拓宽企业融资渠道。

其次，未来的研究中可将企业日常经营与管理状况纳入分析框架，探讨创新型企业能否通过改善经营管理，提高企业盈利能力，增加税后净利润，补充账面资产流动性，从而丰富企业现金资产，更有力地支持企业创新活动。

最后，未来的研究还可尝试探讨这一选题的后续环节：企业兼顾了创新需求的财务决策是否切实提高了企业科技创新的效率。两类代理问题与内外部治理在这个后续的环节中又将发挥怎样的作用。以及当前实行的半强制分红政策对企业的创新绩效与资金使用效率又会带来怎样的影响。

参考文献

[1] 蔡地，陈振龙，陈志军．创业投资的治理作用：基于代理成本视角的实证分析 [J]．管理科学，2014 (03)：50 - 60.

[2] 楚有为．激进战略与企业现金持有——预防性动机还是代理动机 [J]．财经理论与实践，2019，40 (01)：90 - 98.

[3] 陈志军，赵月皎，刘洋．不同制衡股东类型下股权制衡与研发投入——基于双重代理成本视角的分析 [J]．经济管理，2016 (03)：57 - 66.

[4] 陈春华．公司治理、融资约束与现金持有价值——基于政府控制层级的实证研究 [J]．山西财经大学学报，2013，35 (08).

[5] 陈修德，彭玉莲，卢春源．中国上市公司技术创新与企业价值关系的实证研究 [J]．科学学研究，2011，29 (01)：138 - 146.

[6] 陈乾坤，卞曰瑭．股权制衡、代理成本与企业绩效——基于我国A股民营上市公司的实证分析 [J]．科学决策，2015，(05)：74 - 92.

[7] 陈立勇，谢芳，曾德明，邹思明．协作研发网络技术多元化、组织冗余对二元式创新的影响——基于中国汽车企业面板数据 [J]．软科学，2015，29 (09)：9 - 13.

[8] 程玲，汪顺，刘晴．融资约束与企业研发操纵的经济学分析 [J]．财贸经济，2019，40 (08)：67 - 82.

[9] 崔也光，由晓玮．财务柔性政策选择与研发投入——基于企业技术水平的调节效应［J］．首都经济贸易大学学报，2019，21（05）：92－102.

[10] 董理，茅宁．财务弹性问题前沿研究述评与未来展望［J］．外国经济与管理，2013，35（04）：71－80.

[11] 董保宝，葛宝山．新企业风险承担与绩效倒U型关系及机会能力的中介作用研究［J］．南开管理评论，2014，17（04）：56－65，87.

[12] 董保宝．风险需要平衡吗：新企业风险承担与绩效倒U型关系及创业能力的中介作用［J］．管理世界，2014（01）：120－131.

[13] 段伟宇．创新型企业股权结构、债务结构与成长性的关系研究：理论分析与经验证据［D］．西北大学，2013.

[14] 葛立宇．要素市场扭曲、人才配置与创新强度［J］．经济评论，2018（05）：31－44.

[15] 葛永波，刘子龙．基于影响因素视角的上市公司融资决策实证研究［J］．武汉大学学报（哲学社会科学版），2012，65（02）：97－103.

[16] 郭蓉，文巧甜．双重业绩反馈、内外部治理机制与战略风险承担［J］．经济管理，2019，41（08）：91－112.

[17] 郭蕾，肖有智．政府规制改革是否增进了社会公共福利——来自中国省际城市水务产业动态面板数据的经验证据［J］．管理世界，2016（08）：73－85.

[18] 过新伟，王曦．融资约束、现金平滑与企业R&D投资——来自中国制造业上市公司的证据［J］．经济管理，2014，36（08）：144－155.

[19] 顾乃康，万小勇，陈辉．财务弹性与企业投资的关系研究 [J]．管理评论，2011，23 (06)：115-121.

[20] 韩剑，王静．中国本土企业为何舍近求远：基于金融信贷约束的解释 [J]．世界经济，2012，35 (01)：98-113.

[21] 韩立岩，刘博研．公司治理、不确定性与现金价值 [J]．经济学（季刊），2011，10 (02)：523-550.

[22] 郝颖，刘星．资本投向、利益攫取与挤占效应 [J]．管理世界，2009 (05)：128-144.

[23] 何玉润，林慧婷，王茂林．产品市场竞争、高管激励与企业创新——基于中国上市公司的经验证据 [J]．财贸经济，2015 (02)：125-135.

[24] 胡光涛，程兵，张晓军．金融风险预算理论及其在投资管理中的应用 [J]．管理评论，2003 (05)：43-47，64.

[25] 胡海青，崔杰，张道宏．商业信用、融资约束对科技型中小企业 R&D 投资的影响 [J]．科技进步与对策，2015，32 (08)：113-117.

[26] 胡彦斌．企业创新对融资结构影响的实证研究 [D]．东北大学，2013.

[27] 胡国柳，蒋永明．现金持有决策的影响因素——来自 B 股公司的经验证据 [J]．湖南大学学报（社会科学版），2005 (06)：49-54.

[28] 黄振雷，吴淑娥．现金持有会影响研发平滑吗？[J]．经济与管理研究，2014 (02)：119-128.

[29] 蒋尧明，蒋珩．审计师个人声誉受损与公司债务融资成本——来自中国上市公司的经验证据 [J]．当代财经，2017 (07)：114-123.

[30] 姜彭，王文忠，雷光勇．政治冲击、不确定性与企业现金持有［J］．南开管理评论，2015，18（04）：130－138.

[31] 姜付秀，伊志宏，苏飞，黄磊．管理者背景特征与企业过度投资行为［J］．管理世界，2009（01）：130－139.

[32] 鞠晓生，卢荻，虞义华．融资约束、营运资本管理与企业创新可持续性［J］．经济研究，2013，48（01）：4－16.

[33] 康志勇．融资约束、政府支持与中国本土企业研发投入［J］．南开管理评论，2013，16（05）：61－70.

[34] 李科，徐龙炳．资本结构、行业竞争与外部治理环境［J］．经济研究，2009，44（06）：116－128.

[35] 李江雁，何文龙，王铁民．企业创新能力对企业价值的影响——基于中国移动互联网上市公司的实证研究［J］．经济与管理研究，2016，37（04）：109－118.

[36] 李延喜，陈克兢．外部治理环境对盈余质量的影响：自然资源禀赋是“诅咒”吗［J］．南开管理评论，2018，21（02）：172－181，191.

[37] 李增泉，辛显刚，于旭辉．金融发展、债务融资约束与金字塔结构——来自民营企业集团的证据［J］．管理世界，2008（01）：123－135.

[38] 李青钰，史金艳．管理者个人特征与公司财务决策研究综述［J］．特区经济，2018（11）：157－160.

[39] 李媛媛，崔宸琛，刘思羽．金融生态环境、企业风险承担与创新效率——基于制造业面板 VAR 的实证分析［J］．工业技术经济，2019，38（07）：76－87.

[40] 李健，曹文文，乔嫣，潘镇．经营期望落差、风险承担水平与创新可持续性——民营企业与非民营企业的比较研究

[J]. 中国软科学，2018（02）：140-148.

[41] 李小荣，张瑞君. 股权激励影响风险承担：代理成本还是风险规避？[J]. 会计研究，2014（01）：57-63，95.

[42] 连玉君，彭方平，苏治. 融资约束与流动性管理行为[J]. 金融研究，2010（10）：158-171.

[43] 廖理，肖作平. 公司治理影响公司现金持有量吗——来自中国上市公司的经验证据[J]. 中国工业经济，2009（06）：98-107.

[44] 梁莱歆，张焕凤. 高科技上市公司R&D投入绩效的实证研究[J]. 中南大学学报（社会科学版），2005，11（02）：232-236.

[45] 刘博研，韩立岩. 中美上市公司流动性管理的比较研究——基于现金持有策略行业特征的发现[J]. 经济经纬，2011（05）：145-150.

[46] 刘立. 企业R&D投入的影响因素：基于资源观点理论分析[J]. 中国科技论坛，2003（06）：75-78.

[47] 刘胜强，林志军，孙芳城. 融资约束、代理成本对企业R&D投资的影响——基于我国上市公司的经验证据[J]. 会计研究，2015（11）：62-68.

[48] 刘振. R&D投资与规模投资影响因素比较分析——基于中国上市高新技术企业的经验数据[D]. 广州：暨南大学博士学位论文，2009.

[49] 刘万丽. 融资约束、代理成本与企业非效率研发投资研究——来自湖北省上市公司的经验证据[J]. 科技进步与对策，2018，35（13）：41-48.

[50] 刘晴，程玲，邵智，陈清萍. 融资约束、出口模式与

外贸转型升级 [J]. 经济研究, 2017, 52 (05): 75 - 88.

[51] 刘华, 杨汉明. 风险承担与创新绩效——基于股权激励调节作用的考察 [J]. 现代财经 (天津财经大学学报), 2018, 38 (01): 98 - 113.

[52] 刘胜强, 林志军, 孙芳城, 陈汉文. 融资约束、代理成本对企业 R&D 投资的影响——基于我国上市公司的经验证据 [J]. 会计研究, 2015 (11): 62 - 68, 97.

[53] 陆正飞, 杨德明. 商业信用: 替代性融资, 还是买方市场? [J]. 管理世界, 2011 (04): 6 - 14, 45.

[54] 罗进辉, 万迪昉. 负债融资对企业现金持有行为的影响研究——来自中国上市公司的经验证据 [J]. 山西财经大学学报, 2008 (09): 119 - 124.

[55] 罗能生, 刘文彬, 王玉泽. 杠杆率、企业规模与企业创新 [J]. 财经理论与实践, 2018, 39 (06): 112 - 118.

[56] 罗琦. 融资约束抑或过度投资——中国上市企业投资—现金流敏感性的经验证据. 中国工业经济, 2007 (09): 103 - 110.

[57] 卢馨, 郑阳飞, 李建明. 融资约束对企业 R&D 投资的影响研究——来自中国高新技术上市公司的经验证据 [J]. 会计研究, 2013 (05): 51 - 58.

[58] 南楠, 陈程, 袁晓星. 媒体报道、风险承担与企业创新——来自中国上市公司的经验证据 [J]. 社会科学家, 2016 (11): 98 - 101.

[59] 娜仁, 曹凤娟. 融资约束与企业创新的关系研究: 基于股权结构的调节效应 [J]. 金融理论与实践, 2017 (08): 47 - 52.

[60] 彭桃英, 周伟. 中国上市公司高额现金持有动因研究——代理理论抑或权衡理论 [J]. 会计研究, 2006 (05): 42 -

49，95.

[61] 彭红星，毛新述．政府创新补贴、公司高管背景与研发投入——来自我国高科技行业的经验证据［J］．财贸经济，2017，38（03）：147－161.

[62] 蒲文燕，张洪辉．基于融资风险的现金持有与企业技术创新投入的关系研究［J］．中国管理科学，2016，24（05）：38－45.

[63] 申丹琳．社会信任与企业风险承担［J］．经济管理，2019，41（08）：147－161.

[64] 孙进军，郑荣年．初生牛犊不怕虎吗——基于高管年龄与公司现金持有量的研究［J］．金融经济学研究，2019，34（04）：147－160.

[65] 孙婷婷，陈丁．商业信用与创新的关系研究——以欧洲中小企业为例［J］．软科学，2014，28（03）：69－72，77.

[66] 唐清泉，徐欣，曹媛．股权激励、研发投入与企业可持续发展——来自中国上市公司的证据［J］．山西财经大学学报，2009，8（31）：77－84.

[67] 唐玮，崔也光．政府控制、创新投入与公司价值——基于投资者信心的中介效应分析［J］．财贸研究，2017，28（06）：101－110.

[68] 万良勇，饶静．不确定性、金融危机冲击与现金持有价值——基于中国上市公司的实证研究［J］．经济与管理研究，2013（05）：63－71.

[69] 王昌荣，李娜．市场竞争、创新研发与企业价值——基于中国制造业的经验数据［J］．山东社会科学，2018（06）：168－173.

[70] 王化成，尹美群．价值链模式下价值创造的要素体系研究——兼论价值评估过程中与传统模式之间的异同 [J]．管理世界，2005 (05)：104－110，143.

[71] 王同律．技术创新与企业价值增长 [J]．中南财经政法大学学报，2004 (02)：126－131.

[72] 王昱，成力为．缓解融资约束路径选择对创新投入的影响 [J]．科学学与科学技术管理，2013，34 (10)：142－151.

[73] 王竹泉，孙兰兰．市场势力、创新能力与最优商业信用供给 [J]．山西财经大学学报，2016，38 (10)：36－46.

[74] 王红建，李青原，邢斐．经济政策不确定性、现金持有水平及其市场价值 [J]．金融研究，2014 (09)：53－68.

[75] 汪晓春．企业创新投资决策的资本结构条件 [J]．中国工业经济，2002 (10)：89－95.

[76] 王彦超．融资约束、现金持有与过度投资 [J]．金融研究，2009 (07)：121－133.

[77] 魏志华，吴育辉，李常青．家族控制、双重委托代理冲突与现金股利政策——基于中国上市公司的实证研究 [J]．金融研究，2012 (07)：168－181.

[78] 魏志华，曾爱民，李博．金融生态环境与企业融资约束——基于中国上市公司的实证研究 [J]．会计研究，2014 (05)：73－80，95.

[79] 吴世农，吴育辉，财务分析与决策 [M] 北京：北京大学出版社，2008.

[80] 吴淑娥，仲伟周，卫剑波，黄振雷．融资来源、现金持有与研发平滑——来自我国生物医药制造业的经验证据 [J]．经济学（季刊），2016，15 (02)：745－766.

[81] 肖峰雷. 管理者过度自信、财务决策行为与上市公司业绩关系研究 [D]. 大连理工大学, 2011.

[82] 肖作平, 陈德胜. 公司治理结构对代理成本的影响——来自中国上市公司的经验证据 [J]. 财贸经济, 2006 (12): 29-35.

[83] 解维敏, 方红星. 金融发展、融资约束与企业研发投入 [J]. 金融研究, 2011 (05): 171-183.

[84] 辛宇, 徐莉萍. 上市公司现金持有水平的影响因素: 财务特征、股权结构及治理环境 [J]. 中国会计评论, 2006 (02): 307-320.

[85] 徐进, 吴雪芬. 企业现金持有改善了研发投入平稳性吗? [J]. 证券市场导报, 2017 (06): 36-42.

[86] 徐宁, 任天龙. 高管股权激励对民营中小企业成长的影响机理——基于双重代理成本中介效应的实证研究 [J]. 财经论丛, 2014 (04): 55-63.

[87] 徐珊, 刘笃池. 企业金融化对技术创新影响的实证研究 [J]. 科研管理, 2019 (10): 240-249.

[88] 徐晓萍, 李猛. 商业信用的提供: 来自上海市中小企业的证据 [J]. 金融研究, 2009 (06): 161-174.

[89] 杨中环. 研发投入对企业价值影响的相关性研究——基于我国上市公司实施新会计准则后的实证检验 [J]. 科技管理研究, 2013, 33 (10): 42-45.

[90] 杨兴全, 齐云飞, 吴昊旻. 行业成长性影响公司现金持有吗? [J]. 管理世界, 2016 (01): 153-169.

[91] 叶陈刚, 王孜, 武剑锋, 李惠. 外部治理、环境信息披露与股权融资成本 [J]. 南开管理评论, 2015, 18 (05): 85-96.

[92] 于维娜，樊耘，马贵梅，门一．知识型企业中地位与创新的关系研究——以风险承担、创新支持为机理［J］．科学学与科学技术管理，2016，37（01）：80－94.

[93] 袁卫秋．投资效率、现金持有与企业价值——基于融资约束视角的研究［J］．经济与管理研究，2014（02）：103－111.

[94] 杨建君，盛锁．股权结构对企业技术创新投入影响的实证研究［J］．科学学研究，2007（04）：787－792.

[95] 杨风，李卿云．股权结构与研发投资——基于创业板上市公司的经验证据［J］．科学学与科学技术管理，2016，37（02）：123－135.

[96] 杨兴全，张丽平，陈旭东．市场化进程与现金股利政策：治理效应抑或缓解融资约束？［J］．经济与管理研究，2014（05）：76－84.

[97] 杨兴全，曾义．现金持有能够平滑企业的研发投入吗？——基于融资约束与金融发展视角的实证研究［J］．科研管理，2014，35（07）：107－115.

[98] 杨兴全，张丽平，吴昊旻．市场化进程、管理层权力与公司现金持有［J］．南开管理评论，2014，17（02）：34－45.

[99] 杨中环．研发投入对企业价值影响的相关性研究——基于我国上市公司实施新会计准则后的实证检验［J］．科技管理研究，2013，33（10）：42－45.

[100] 俞红海．终极控制权、法治环境与上市公司现金持有［J］．南方经济，2012，30（11）：55－66.

[101] 余明桂，李文贵，潘红波．管理者过度自信与企业风险承担［J］．金融研究，2013（01）：149－163.

[102] 虞义华，赵奇锋，鞠晓生．发明家高管与企业创新

[J]. 中国工业经济，2018（03）：136-154.

［103］曾德明，李励，王泓略．研发强度对二元式创新的影响——来自汽车产业上市公司的实证研究［J］．科学学与科学技术管理，2016，37（01）：69-79.

［104］曾义，杨兴全．内部治理机制、两权分离与公司现金持有的战略效应［J］．财贸研究，2014（01）：143-148.

［105］张崧楠．商业信用、现金持有水平与企业会计信息透明度［J］．财会通讯，2019（21）：11-14.

［106］张玉娟，汤湘希．股权结构、高管激励与企业创新——基于不同产权性质A股上市公司的数据［J］．山西财经大学学报，2018，40（09）：76-93.

［107］张芳芳．现金持有、并购决策与高管私有收益［J］．当代经济管理，2018（10）：28-36.

［108］张标．信披质量、融资约束与公司现金策略研究［J］．证券市场导报，2014（08）：38-45，52.

［109］张敏，李延喜．制度环境对融资方式选择的影响研究——基于地区差异视角的实证分析［J］．当代经济科学，2013，35（04）：42-52，125.

［110］张红彬，黄海艳，胡谍．小微新创企业的风险承担对绩效的影响：动态能力的调节作用［J］．华东经济管理，2018，32（11）：126-133.

［111］张会丽，吴有红．超额现金持有水平与产品市场竞争优势——来自中国上市公司的经验证据［J］．金融研究，2012（02）：183-195.

［112］张新民，王珏，祝继高．市场地位、商业信用与企业经营性融资［J］．会计研究，2012（08）：58-65，97.

［113］张成思，刘贯春．中国实业部门投融资决策机制研究——基于经济政策不确定性和融资约束异质性视角［J］．经济研究，2018，53（12）：51－67.

［114］郑志丹，张宗益．中国 IPO 超额抑价的成因分解与再检验——来自沪深 A 股核准—询价发行的经验证据［J］．山西财经大学学报，2012，34（04）：37－47.

［115］钟凯，程小可，肖翔，郑立东．宏观经济政策影响企业创新投资吗——基于融资约束与融资来源视角的分析［J］．南开管理评论，2017，20（06）：4－14，63.

［116］周开国，卢允之，杨海生．融资约束、创新能力与企业协同创新［J］．经济研究，2017，52（07）：94－108.

［117］周煜皓．我国企业创新融资约束结构性特征的表现、成因及治理研究［J］．管理世界，2017（04）：184－185.

［118］朱乃平，朱丽，孔玉生．技术创新投入、社会责任承担对财务绩效的协同影响研究［J］．会计研究，2014（02）：57－63，95.

［119］朱艳丽．研发强度、创新速度与上市公司价值关系的实证研究［J］．科技进步与对策，2018，35（23）：25－33.

［120］祝继高，陆正飞．货币政策、企业成长与现金持有水平变化［J］．管理世界，2009（03）：152－158，188.

［121］庄燕娜．会计稳健性、融资约束与企业现金持有［J］．财会通讯，2018（33）：20－24.

［122］Aboody，D.，Lev，B.，1998，“The Value Relevance of Intangibles：The Case of Software Capitalization”，*Journal of Accounting Research*，Vol. 36，PP161－191.

［123］Acharya，V.，Almeida，H.，Campello，M.，2007，

"Is Cash Negative Debt? A Hedging Perspective on Corporate Financial Policies", *Journal of Financial Intermediation*, Vol. 16, PP515 - 554.

[124] Aghion, P., Howitt, P., Prantl, S., 2013, "Revisiting the Relationship Between Competition, Patenting, and Innovation", *Advances in Economics and Econometrics*, Vol. 67, PP451 - 455.

[125] Alchian, A., Demsetz, H., 1975, "Production, Information Costs, and Economic Organization", *IEEE Engineering Management Review*, Vol. 3, PP21 - 41.

[126] Alm, M., Winberg, J., 2016, "How Does Gender Diversity on Corporate Boards Affect the Firm Financial Performance?", *Australian Journal of Basic & Applied Science*, Vol. 10, PP140 - 147.

[127] Arrow, 1962, "Economic welfare and the allocation of resources for invention in national bureau of economic research", *The rate and direction of inventive activity*, Princeton: Princeton University Press.

[128] Baird, I. S., Thomas, H., 1985, "Toward a Contingency Model of Strategic Risk Taking", *Academy of Management Review*, Vol. 10, PP230 - 243.

[129] Bates, T. W., Kahle, K. M., Stulz, R. M., 2009, "Why Do U. S. Firms Hold so Much More Cash than They Used To?", *Journal of Finance*, Vol. 64, PP1985 - 2021.

[130] Belenzon, S., 2012, "Cumulative Innovation and Market Value: Evidence from Patent Citations", *Economic Journal*, Vol. 122, PP265 - 285.

[131] Benfratello, L., Schiantarelli, F., Sembenelli, A., 2008, "Banks and innovation: Microeconometric evidence on Italian firms", *Journal of Financial Economics*, Vol. 90, PP197 - 217.

[132] Benner, M. J., Tushman, M. L., 2003, "Exploitation, Exploration, and Process Management: The Productivity Dilemma Revisited", *Academy of Management Review*, Vol. 28, PP238 -256.

[133] Booyens, I., 2011, "Are small, medium - and micro - sized enterprises engines of innovation? The reality in South Africa", *Science & Public Policy*, Vol. 38, PP67 -78.

[134] Bowman, R. G., 1980, "The Theoretical Relationship Between Systematic Risk and Financial (Accounting) Variables", *The Journal of Finance*, Vol. 36, PP749 -750.

[135] Brav, A., Jiang, W., Ma, S., 2014, "Shareholder Power and Corporate Innovation: Evidence from Hedge Fund Activism", *Social Science Electronic Publishing*.

[136] Brown, J. R., Petersen, B. C., 2009, "Why has the investment - cash flow sensitivity declined so sharply? Rising R&D and equity market developments", *Journal of Banking & Finance*, Vol. 33, PP971 -984.

[137] Brown, J. R., Peterson B. C., 2011, "Cash Holdings and R&D Smoothing", *Journal of Corporate Finance*, Vol. 17, PP694 -709.

[138] Brown, J. R., Martinsson, G., Petersen, B. C., 2012, "Do financing constraints matter for R&D?", *Social Science Electronic Publishing*, Vol. 56.

[139] Bushee, B. J., Noe, C. F., 2000, "Corporate Disclosure Practices, Institutional Investors, and Stock Return Volatility", *Journal of Accounting Research*, Vol. 38, PP171 -202.

[140] Canepa, A., Stoneman, P., 2004, "Financing Constraints in the Inter Firm Diffusion of New Process Technologies",

Journal of Technology Transfer, Vol. 30, PP159 - 169.

[141] Chan, L. K. C., Lakonishok, J., Sougiannis, T., 2001, "The Stock Market Valuation of Research and Development Expenditures", *The Journal of Finance*, Vol. 56, PP2431 - 2456.

[142] Chen, Z., He, Z., Liu, C., 2017, "The Financing of Local Government in China: Stimulus Loan Wanes and Shadow Banking Waxes", *Social Science Electronic Publishing*.

[143] Cohen, D. A., Dey, A., Lys, T. Z., 2013, "Corporate Governance Reform and Executive Incentives: Implications for Investments and Risk Taking", *Contemporary Accounting Research*, Vol. 30, PP1296 - 1332.

[144] Coleman, S., Robb, A., 2009, "A Comparison of New Firm Financing by Gender: Evidence From the Kauffman Firm Survey Data", *Small Business Economics*, Vol. 33, PP397 - 411.

[145] Comin, D., Philippon, T., 2005, "The Rise in Firm - Level Volatility: Causes and Consequences", *Nber Macroeconomics Annual*, Vol. 20, PP167 - 201.

[146] Covin, J. G., Slevin, D. P., 2010, "Strategic management of small firms in hostile and benign environments", *Strategic Management Journal*, Vol. 10, PP75 - 87.

[147] Custodio, C., Ferreira, M. A., Raposo, C. C., 2004, "Cash Holdings and Business Conditions", *Social Science Electronic Publishing*, 2004.

[148] Czarnitzki, D., Hottenrott, H., 2011, "Financial Constraints: Routine Versus Cutting Edge R&D Investment", *Journal of Economics & Management Strategy*, Vol. 20, PP121 - 157.

[149] Denis, D. J., Sibilkov, V., 2010, "Financial Con-

straints, Investment, and the Value of Cash Holdings", *Review of Financial Studies*, Vol. 23, PP247 – 269.

[150] Driver, C., Guedes, M. J. C., 2012, "Research and development, cash flow, agency and governance: UK large companies", *Research Policy*, Vol. 41, PP1565 – 1577.

[151] Drobetz, W., Haller, R., Meier, I., 2013, "The Impact of Liquidity Crises on Cash Flow Sensitivities", *Quarterly Review of Economics & Finance*, Vol. 66.

[152] Fama, E. F., French, K. R., 2001, "Disappearing Dividends: Changing Firm Characteristics or Lower Propensity to Pay?", *Journal of Applied Corporate Finance*, Vol. 14, PP67 – 79.

[153] Faulkender, M., Wang, R., 2006, "Corporate Financial Policy and the Value of Cash", *Journal of Finance*, Vol. 61, PP1957 – 1990.

[154] Fiegenbaum, A., 1990, "Prospect theory and the risk – return association: An empirical examination in 85 industries", *Journal of Economic Behavior & Organization*, Vol. 14, PP0 – 203.

[155] Francis, 2013, "What Is Governance?", *Governance*, Vol. 26, PP347 – 368.

[156] Gamba, A., Triantis, A., 2008, "The Value of Financial Flexibility", *Journal of Finance*, Vol. 63, PP2263 – 2296.

[157] Gao, W., Chou, J., 2015, "Innovation efficiency, global diversification, and firm value", *Journal of Corporate Finance*, Vol. 30, PP278 – 298.

[158] Gugler, K., Yurtoglu, B. B., 2003, "Corporate governance and dividend pay – out policy in Germany", *European Economic Review*, Vol. 47, PP731 – 758.

[159] Grabowski, H. G., 1968, "The Determinants of Industrial Research and Development: A Study of the Chemical, Drug, and Petroleum Industries", *Journal of Political Economy*, Vol. 76, PP292 - 306.

[160] Graham, J. R., Harvey, C. R., 2001, "Expectations of Equity Risk Premia, Volatility and Asymmetry from a Corporate Finance Perspective", *Social Science Electronic Publishing*, Vol. 21.

[161] Griffin, P. A., Hong, H. A., Ji, W. R., 2018, "Corporate innovative efficiency: Evidence of effects on credit ratings", *Journal of Corporate Finance*, Vol. 51, PP352 - 373.

[162] Hadlock, C. J., Pierce, J. R., 2010, "New Evidence on Measuring Financial Constraints: Moving Beyond the KZ Index", *Review of Financial Studies*, Vol. 23, PP1909 - 1940.

[163] Hall, B. H., 2002, "The Financing of Research and Development", *Oxford Review of Economic Policy*, Vol. 18, PP35 - 51.

[164] Hall, B. H., Lerner, J., 2010, "The Financing of R&D and Innovation", *Handbook of the Economics of Innovation*, Vol. 1, PP609 - 639.

[165] Haushalter, D., Klasa, S., Maxwell, W. F., 2007, "The influence of product market dynamics on a firm's cash holdings and hedging behavior", *Journal of Financial Economics*, Vol. 84, PP797 - 825.

[166] He, Z., Wintoki, M. B., 2016, "The cost of innovation: R&D and high cash holdings in U. S. firms", *Journal of Corporate Finance*, Vol. 41, PP280 - 303.

[167] Hambrick, D. C., Mason, P. A., 1984, "Upper echelons: The organization as a reflection of its top managers", *Social*

Science Electronic Publishing, Vol. 9, PP193 – 206.

[168] Himmelberg, C. P., Peterson, B. C., 1994, "R&D and Internal Finance: A Panel Study of Small Firms in High – Tech Industries", *Review of Economics and Statistics*, Vol. 76, PP38 – 51.

[169] Hottenrott, Hanna, Peters., 2010, "Innovative Capability and Financing Constraints for Innovation: More Money, More Innovation?", *Review of Economics & Statistics*, Vol. 94, PP1 – 40.

[170] Jensen, M. C., Meckling, W. H., 1976, "Theory of the Firm: Managerial Behavior, Agency Costs and Ownership Structure", *Social Science Electronic Publishing*, Vol. 3, PP305 – 360.

[171] Jensen, M. C., 1999, "Agency Costs of Free Cash Flow, Corporate Finance, and Takeovers", *American Economic Review*, Vol. 76, PP323 – 329.

[172] Jiang, L., Kim, J. B., 2010, "Foreign Equity Ownership and Information Asymmetry: Evidence from Japan", *Journal of International Financial Management & Accounting*, Vol. 15, PP185 – 211.

[173] Jing, D., Gou, Y. N., 2010, "Corporate governance structure, managerial discretion, and the R&D investment in China", *International Review of Economics & Finance*, Vol. 19, PP180 – 188.

[174] Kadapakkam, P. R., Kumar, P. C., Riddick, L. A., 1998, "The Impact of Cash Flows and Firm Size on Investment: The International Evidence", *Journal of Banking & Finance*, Vol. 22, PP293 – 320.

[175] Kahn, C., Winton, A., 1998, "Ownership Structure, Speculation, and Shareholder Intervention", *Journal of Finance*, Vol. 53, PP99 – 129.

[176] Kalcheva, I., Lins, K. V., 2007, "International Evidence on Cash Holdings and Expected Managerial Agency Problems", *Review of Financial Studies*, Vol. 20, PP1087 - 1112.

[177] Kaplan, S. N., Zingales, L., 1997, "Do Investment - Cash Flow Sensitivities Provide Useful Measures of Financing Constraints?", *Quarterly Journal of Economics*, Vol. 112, PP169 - 215.

[178] Kortum, S., Lerner, J., 1998, "Stronger protection or technological revolution: what is behind the recent surge in patenting?" *Carnegie - rochester Conference Series on Public Policy*, Vol. 48, PP247 - 304.

[179] Kogut, B., Zander, U., 1995, "Knowledge, Market Failure and the Multinational Enterprise: A Reply", *Journal of International Business Studies*, Vol. 26, PP417 - 426.

[180] Kraus, A., Litzenberger, R. H., 1973, "A State - Preference Model of Optimal Financial Leverage", *Journal of Finance*, Vol. 28, PP911 - 922.

[181] Leland, H. E., Pyle, D. H., 2012, "Informational Asymmetries, Financial Structure, and Financial Intermediation", *Journal of Finance*, Vol. 32, PP371 - 387.

[182] March, J. G., 1991, "Exploration and exploitation in organizational learning", *Organization Science*, Vol. 2, PP71 - 87.

[183] Mikkelson, W. H., Partch, M. M., 2003, "Do Persistent Large Cash Reserves Hinder Performance?", *Journal of Financial & Quantitative Analysis*, Vol. 38, PP275 - 294.

[184] Miller, J. S., Wiseman, R. M., Gomez - Mejia, L. R., 2002, "The Fit between CEO Compensation Design and Firm Risk", *Academy of Management Journal*, Vol. 45, PP745 - 756.

[185] Modigliani, F., Miller, M. H., 1958, "The Cost of Capital, Corporation Finance and The Theory of Investment", *American Economic Review*, Vol. 48, PP443 – 453.

[186] Moreno, A. M., José, C., Casillas, 2008, "Entrepreneurial Orientation and Growth of SMES: A Causal Model", *Entrepreneurship Theory and Practice*, Vol. 32 (3).

[187] Myers, S. C., Majluf, N. J., 1984, "Corporate Financing and Investment Decisions When Firms Have Information that Investors Do not Have", *Journal of Financial Economics*, Vol. 13, PP187 – 221.

[188] O'Connor, M., Rafferty, M., 2012, "Corporate Governance and Innovation", *Journal of Financial and Quantitative Analysis*, Vol. 2, PP397 – 413.

[189] Opler, T., Pinkowitz, L., Stulz, R., 1999, "The Determinants and Implications of Corporate Cash Holdings", *NBER Working Papers*, Vol. 52, PP3 – 46.

[190] Ozkan, A., Ozkan, N., 2004, "Corporate Cash Holdings: An Empirical Investigation of UK Companies", *Journal of Banking & Finance*, Vol. 28, PP2103 – 2134.

[191] Palazzo, B., 2012, "Cash holdings, risk, and expected returns", *Journal of Financial Economics*, Vol. 104, PP162 – 185.

[192] Phan, H. V., Nguyen, N. H., 2019, "Policy Uncertainty and Firm Cash Holdings", *Journal of Business Research*, Vol. 95, PP71 – 82.

[193] Pinkowitz, L., Williamson, R., Stulz, R. M., 2003, "Corporate Governance and the Home Bias", *Journal of Financial &*

Quantitative Analysis, Vol. 38, PP87 – 110.

[194] Robichek, A. A., Myers, S. C., 1966, "Problems in the Theory of Optimal Capital Structure", *Journal of Financial & Quantitative Analysis*, Vol. 1, PP1 – 35.

[195] Roper, S., Love, J. H., 2002, "Innovation and export performance: evidence from the UK and German manufacturing plants", *Research Policy*, Vol. 31, PP1087 – 1102.

[196] Rubinstein, M. E., 1973, "Corporate Financial Policy in Segmented Securities Markets", *Journal of Financial & Quantitative Analysis*, Vol. 8, PP749 – 761.

[197] Savignac F., 2008, "Impact of Financial Constraints on Innovation: What Can Be Learned From a Direct Measure?", *Economics of Innovation & New Technology*, Vol. 17, PP553 – 569.

[198] Schroth, E., Szalay, D., 2010, "Cash Breeds Success: The Role of Financing Constraints in Patent Races", *Warwick Economics Research Paper*, Vol. 14, PP73 – 118.

[199] Shin, M. S., Kim, S. E., 2011, "The effects of R&D expenditure on the firm value: evidence from Korean small and medium sized enterprises", Journal of Finance & Accountancy, Vol. 36, PP125 – 142.

[200] Solow, R. M., 1957, "Technical Change and the Aggregate Production Function", *Review of Economics & Statistics*, Vol. 39, PP554 – 562.

[201] Soete, L. L. G., 1979, "Firm size and inventive activity: The evidence reconsidered", *European Economic Review*, Vol. 12, PP319 – 340.

[202] Stiglitz, J. E., Weiss, A., 1981, "Credit Rationing

in Markets with Imperfect Information", *American Economic Review*, Vol. 71, PP393 – 410.

[203] Toivanen, O., Stoneman, P., Bosworth, D., 2010, "Innovation and the Market Value of UK Firms, 1989 – 1995", *Oxford Bulletin of Economics & Statistics*, Vol. 64, PP39 – 61.

[204] Tylecote, A., 2007, "The Role of Finance and Corporate Governance in National Systems of Innovation", *Organization Studies*, Vol. 28, 1387 – 1391.

[205] Wang, Y., Wei, Y., Song, F. M., 2016, "Uncertainty and Corporate R&D Investment: Evidence from Chinese Listed Firms", *International Review of Economics & Finance*, Vol. 47, Vol. 176 – 200.

[206] Wang, S. L., Ball, E., Fulginiti, L. E., 2012, "Accounting for the Impacts of Public Research, R&D Spill – ins, Extension, and Roads in U. S. Regional Agricultural Productivity Growth, 1980 – 2004", *Productivity Growth in Agriculture: An International Perspective.*

[207] Whited, T. M., Wu, G., 2006, "Financial Constraints Risk", *Review of Financial Studies*, Vol. 19, PP531 – 559.

[208] Zander, U., Kogut, B., 1995, "Knowledge and the Speed of the Transfer and Imitation of Organizational Capabilities: An Empirical Test", *Organization Science*, Vol. 6, PP76 – 92.

后　记

本书研究的缘起，是我在阅读企业财务决策相关文献时产生的一个疑问：当“创新驱动发展”成为国家战略与企业共识时，为何当前关于财务决策影响因素的研究鲜少将“科技创新”考虑在内？企业为创新储备现金，究竟是未雨绸缪的明智之举，还是效率低下的资源闲置？正是对这一系列问题的好奇心，促使我投入数载光阴，尝试解开企业科技创新与现金持有决策之间的因果关系。

任何学术成果都非一人之功。首先，我要将最深挚的敬意献给我的博士生导师王振山教授。老师严谨求实的治学风范、敏锐深邃的学术洞察力以及对学术研究矢志不渝的热忱，是我一生治学修身的标杆。同时感谢华北水利水电大学以及管理与经济学院诸位领导、同仁对本书所提供的莫大支持。

最后，要将无言的谢意献给我的家人。我的父亲是国家恢复高考后的第一届大学生，现在是土木工程领域的一位大学教授。母亲是一位会计师，为人认真严谨，做事果断不拖沓。得益于父母所营造的良好的家庭氛围，我从来不觉得学习是一件痛苦的事情。没有父母的鼓励与支持，我断然不能走到今天。

本书的落成，不是终点，而是一个崭新思考的起点。囿于学识与时间，研究中仍有未尽之境。谨以此书作为阶段性的思考记录，期待着它能引发更多对“创新与金融如何良性互动”这一时代命题更多的关注和探讨。

邢　毅

2025 年 6 月 19 日